O MESTRE DO
Caminho

Reflexões de vida à luz dos ensinamentos de Jesus

JOSÉ CARLOS DE LUCCA

O MESTRE DO
Caminho

Reflexões de vida à luz dos ensinamentos de Jesus

Sumário

Agradecimentos..7

Palavras do Autor 11

Palavras da Espiritualidade 15

1 – O Mestre do Caminho...............................17

2 – Estar com Jesus 21

3 – Mestre presente 25

4 – Florescer onde Deus nos plantou.............29

5 – O homem 33

6 – Bem-aventurados os simples.....................37

7 – Abrir as janelas..41

8 – Programa divino..47

9 – Coragem de se reconhecer imperfeito.....51

10 – O seu Cristo interior...............................57

11 – O amor está acima da religião 61

12 – Venha comigo...65

13 – Alguém nos chama 71

14 – Pertinho do céu 75

15 – Jesus no lar 79

16 – Luz divina 85

17 – O fim da morte......................................91

18 – Na travessia das provas.........................95

19 – A humanidade de Jesus 101

20 – Força e refúgio 107

21 – A amizade de Jesus.............................113

22 – Onde encontrar Jesus?........................117

23 – O caminho do perdão..........................123

24 – Abrir as portas do coração 129

25 – Os caminheiros...................................135

26 – Olhos bons..141

27 – Pé na estrada 145

28 – Pai-nosso..149

29 – O mestre do amor incondicional 153

30 – Acender as tochas...............................159

31 – A semente da fé 165

32 – Voltar ao eixo.....................................171

33 – O salvador de mim 177

34 – Sistema de vida...................................183

35 – Usa-me 189
36 – O caminho do não julgar 197
37 – Como Zaqueu 203
38 – O caminho de Jesus 209
39 – O caminho da paz 215
40 – As chaves do reino 219

Agradecimentos

Para todos aqueles que, mesmo não conhecendo as minhas horas de dúvida e desânimo, amorosamente me dizem: — De Lucca, não pare de escrever.

Aos queridos integrantes do *Grupo Espírita Esperança*, vocês são anjos que Deus colocou em minha vida.

Especialmente, ao Mestre do Caminho, que sempre me encontra quando estou perdido...

O autor cedeu os direitos autorais desta edição para a
Casa do Cristo Redentor
Rua Agrimensor Sugaya, 986, Itaquera, São Paulo/SP
CNPJ: 62.366.844/0001-08
www.casadocristo.org.br

> Passarão o céu e a terra.
> Minhas palavras, porém,
> não passarão.
>
> *Jesus*[1]

A manjedoura assinalava o ponto inicial da lição salvadora do Cristo, como a dizer que a humildade representa a chave de todas as virtudes.

Começava a era definitiva da maioridade espiritual da humanidade terrestre, de vez que Jesus, com a sua exemplificação divina, entregaria o código da fraternidade e do amor a todos os corações.

Emmanuel[2]

---

[1] Mateus 24, 35. Bíblia de Jerusalém, Paulus.
[2] A Caminho da Luz, psicografia de Francisco Cândido Xavier, p. 105, FEB editora.

Palavras do Autor

> *EU SOU O CAMINHO...*
> JESUS[3]

Com alegria no coração, entrego aos leitores este novo livro, com reflexões sobre os ensinos de Jesus de Nazaré. Parti do pressuposto de que, tendo Jesus se apresentado como sendo "O Caminho", deve nascer para nós a compreensão de que ele não pode ser lembrado apenas quando passamos por momentos de provas e aflições, como ordinariamente acontece.

Jesus não se assemelha a uma espécie de remédio milagroso, que se usa apenas quando se tem alguma doença grave. Em sendo o caminho, ele é a companhia

---
[3] João 14, 6. Novo Testamento, Sociedade Bíblica do Brasil.

para todas as horas, a inspiração em todas as encruzilhadas da vida; enfim, Jesus é para o nosso dia a dia, o Pão que alimenta nossa alma. O livro vai nos lembrar disso muitas vezes.

O caminho do Cristo não pode ser adaptado às nossas conveniências, pois, a partir dele, a nossa visão de mundo se modifica, nossos valores se alteram, o espectro do nosso ego se reduz, as portas do nosso coração se abrem! O caminho dele é o da autotransformação para a felicidade!

Quem verdadeiramente entra no caminho não permanece mais o mesmo; algo vai mudando por dentro, pouco a pouco, como o sol da manhã, que chega de mansinho e, devagarzinho, vai clareando os espaços obscuros de nossa alma.

Por isso, Jesus se apresentou a nós como o Mestre.[4] E Mestre continua sendo! Seu Evangelho é a sua vida! Suas mais candentes palavras são as suas atitudes! Sua escola é o planeta Terra. Seu método pedagógico é a amizade com homens e mulheres de boa vontade. Na sala de aula, somos aceitos e recebidos por sua compaixão. Seu mais sublime ensinamento é o amor que devota a todos os que se acercam dele!

Esse Jesus continua vivo! Seu caminho está aberto para nós! À medida que escrevia este livro, fui perce-

---
4 João 13, 13.

bendo que Jesus me abria os olhos do espírito para as belezas e alegrias que aguardam os que decidem caminhar com ele.

Como afirma Emmanuel: "Pouco a pouco, perceberemos que o Senhor não nos pede prodígios de transformação imediata ou espetáculos de grandeza e sim que nos apliquemos ao bem, de modo a caminhar com Ele, passo a passo, na edificação de nossa própria paz".[5]

Eu desejo entrar no Caminho, e gostaria que você viesse comigo, pois sei que isso também é desejo do Mestre! Espero que este singelo livro seja a ponte para esse caminho. Mas tanto eu como você precisamos atravessar a ponte.

O Mestre está bem próximo e à nossa espera, dizendo:

Vinde a mim; eu sou o caminho.

Com afeto em Cristo,

De Lucca,
aprendiz do caminho.
Maio de 2023.

---

[5] Um minuto com Chico Xavier, p. 128, FEB editora.

Palavras da Espiritualidade

❦

Saudamos a publicação de mais um livro sobre os sublimes ensinamentos do Cristo Jesus. Por mais que se escreva sobre o inolvidável Mestre de Nazaré, ainda não temos uma visão integral de sua vida, de seus feitos e das suas lições que reverberam nos mundos físico e espiritual.

Jesus é para sempre e para todos. Não o compreenderemos verdadeiramente se não nos aproximarmos dele, em espírito e verdade. Não basta compreendê-lo com a razão; o coração também precisa ser parceiro da nossa ligação com o Cristo.

Vemos este livro como uma sala toda espelhada. Que cada um se veja e analise o quanto está distante do caminho do Mestre. E, se fizerem uma verificação sincera, acabarão por encontrar no próprio espelho a imagem do Cristo, de braços abertos, chamando-os de volta ao caminho.

Leia este livro com os olhos da alma, pois é lá que Jesus o aguarda, dialogando com você, ampliando entendimentos que vão além do texto grafado, pois o Mestre sabe exatamente o que o aluno precisa.

Que a sua leitura seja rica das bênçãos que o Senhor guardou para você.

Miramez[6]

---

6 Mensagem recebida pelo autor deste livro em 21 de maio de 2023, após a conclusão da obra.

1

O Mestre do Caminho

> *Qual o tipo mais perfeito que Deus ofereceu ao homem para lhe servir de guia e modelo?*
>
> — Vede Jesus.
>
> O LIVRO DOS ESPÍRITOS[7]

---

[7] O Livro dos Espíritos, Allan Kardec, questão n° 625, tradução de J. Herculano Pires, FEESP.

Do ponto de vista espiritual, a Humanidade pode ser comparada a um numeroso grupo de almas matriculadas numa escola infantojuvenil. Até o momento presente, temos conseguido bom progresso intelectual. A ciência vem evoluindo consideravelmente e muitas conquistas estão sendo obtidas em benefício do nosso conforto e bem-estar. Todavia, não temos alcançado o mesmo êxito no campo espiritual.

O homem moderno, dotado de muitos saberes da ciência, já navega pelo espaço com relativa frequência, realiza cirurgias por intermédio de robôs, desenvolve programas de Inteligência Artificial, mas ainda tem muita dificuldade de se relacionar bem com o seu semelhante, agindo, muitas vezes, como um homem primata.

Ele sabe viajar pelas estrelas, porém não domina sequer o território das próprias emoções; aprendeu a mapear sua genética, mas tem dificuldade de controlar seus instintos mais primitivos; decifrou mistérios da natureza, todavia não consegue domar a cobiça que destrói progressivamente o seu próprio *habitat*; vem descobrindo uma gama cada vez mais ampla de remédios, entretanto está cada vez mais doente...

Diante desse cenário paradoxal e preocupante, é preciso reconhecer a necessidade urgente de uma transformação radical em nossa maneira de viver. Continuar do jeito que estamos irá nos aproximar cada vez mais do precipício. Essa transformação somente virá de uma nova consciência, que nos permitirá reconhecer que somos todos irmãos, que a paz é o nosso caminho de sobrevivência, que a fraternidade é a melhor política, que o perdão restaura corações quebrados, que o amor é o melhor remédio para curar as relações humanas adoecidas.

Nisso tudo reside a essência da missão do Cristo: despertar em cada um de nós uma nova consciência, que se apoia no amor e na humildade, duas virtudes que dissolvem o egoísmo e o orgulho, fontes de todas as misérias, guerras, doenças, relacionamentos conflituosos e perturbações emocionais. A cura planetária é mera consequência da nossa cura interior.

Jesus não é apenas o amigo que nos socorre nos instantes de prova, mas, sobretudo, o Mestre que nos ensina os caminhos capazes de fazer desabrochar a nossa inteligência espiritual, a qual nos levará a um maior domínio sobre as paixões inferiores, que nos degradam como seres humanos, possibilitando que o amor – enfim, o amor –, desperte em nossos corações.

A cura mais importante que Jesus nos oferece é a elevação da nossa consciência, aquela que transforma a nossa maneira de pensar, sentir e agir, o que nos fará pessoas melhores, mais humanas e amorosas. É a partir dessa transformação que tudo o mais se renova em nossa vida. Jesus almeja despertar em nós a consciência divina: "Portanto, ponham em primeiro lugar na sua vida o Reino de Deus e aquilo que Deus quer...".[8]

Deus quer amor, bondade, justiça, fraternidade, compaixão, perdão... Seguir Jesus é transformar a nossa maneira de viver, segundo aquilo que Deus espera de cada um de nós. Essas foram as pegadas deixadas pelo Cristo. Por isso ele é o Mestre do Caminho,[9] pelo qual nos convidou a seguir.

Muitos buscam Jesus, todavia, não aceitam o seu caminho, permanecendo com suas consciências atadas ao nível egoico, gerador de sofrimento, nível esse do qual Jesus veio nos libertar, ao nos convidar a caminhar pelas estradas do amor, da humildade e do perdão.

O Evangelho de Jesus é o roteiro. Não podemos adaptar Jesus à nossa vida, segundo as nossas conveniências; devemos, sim, moldar a nossa vida às lições que Jesus nos deixou. Não podemos lembrar dele apenas quando precisamos de uma intercessão divina. Jesus é para o dia a dia, é o guia que nos aponta o caminho do amor e da felicidade.

É preciso, portanto, seguir as suas pegadas...

---

8   Mateus 6, 33. Novo Testamento, Sociedade Bíblica do Brasil.
9   João 14, 6.

2

Estar com Jesus

> *As mãos de Jesus guiarão nossas mãos e, quando a tormenta estiver rugindo por fora, acendamos a flama da prece e ouviremos juntos o Senhor de nossas vidas. Calma e segurança, paciência e fé viva! Estejamos com o Divino Mestre, tanto quanto o Divino Mestre está conosco.*
>
> BATUÍRA[10]

---

10 Mais Luz, psicografia de Francisco Cândido Xavier, p. 44, GEEM editora.

Em nossos momentos de aflição, deixemos que as mãos de Jesus guiem as nossas. Ele nos pega pelas mãos, sustenta-nos a caminhada e sussurra aos nossos ouvidos: "calma, paciência, a fé remove montanhas". A prece é o nosso elo com o Mestre. Ninguém que se ligue a ele pela oração ficará sem o seu amparo!

Como afirmou Chico Xavier, "Jesus Cristo não nos abandona... [...] Ele continua conosco. Ele nos conhece pelo nome, sabe quem somos e quais são os nossos propósitos".[11] Jesus é como o Sol, cujos raios alcançam todas as regiões da Terra. Ele mesmo disse que é a luz do mundo, e quem o seguisse não andaria em trevas.[12]

Indiscutivelmente, Jesus está conosco! Mas só isso não basta. É preciso que nós também estejamos com ele! Estar com Jesus é muito mais do que tê-lo em nossos pensamentos nos instantes de aflição e de prova: é tê-lo como guia e modelo em todos os lances da nossa vida.

Quando deixamos de amar, não estamos com Jesus.

Quando nos recusamos a perdoar, não estamos com Jesus.

Quando não somos justos, nos distanciamos de Jesus.

---

11 O Evangelho de Chico Xavier, Carlos A. Baccelli, p. 198, editora Didier.
12 João 8, 12.

Quando negamos a caridade, perdemos a conexão com Jesus.

Quando o orgulho nos cega, perdemos a visão do Cristo.

E, quando tudo isso acontece, passamos a "andar em trevas", como afirmou o Mestre,[13] querendo dizer que o sofrimento é a consequência de vivermos distantes da luz que ele nos trouxe para clarear nossos caminhos. Sobre Jesus, Chico Xavier explicou:

"Dele é a luz que ilumina; Dele é a face que consola; Dele é a mensagem que pacifica; Dele é a força que movimenta; Dele é a bênção que renova; Dele é o caminho que conduz; Dele é a verdade que liberta; Dele é a vida que triunfa".[14]

Estou certo de que quase todos nós (incluo-me nesse grupo) nos distanciamos do Cristo. É hora de retornar ao convívio do Mestre. Retornar ao amor, ao perdão, à fraternidade, à humildade!

Ele ainda está conosco, à nossa espera, refazendo o convite:

— Vem e segue-me![15]

---

13 João 8, 12.
14 Lições de Chico Xavier de "A" a "Z", organização de Mucio Martins, p. 267, LEEPP editora.
15 Mateus 19, 21.

·······
Em nossos momentos de aflição,
deixemos que as mãos de Jesus
guiem as nossas.
·······

3

Mestre presente

> *Sabemos que Nosso Senhor Jesus Cristo não é um símbolo morto, não é alguém que se distancia de nós, um mestre que nos haja abandonado sobre a Terra, aos poderes do mal. Aceitamos Nosso Senhor Jesus por hóspede invisível de nossas almas, Divino Mestre presente, sempre e sempre, cada vez mais presente, orientando-nos o pensamento e a conduta.*
>
> CHICO XAVIER[16]

---

16   O Evangelho de Chico Xavier, Carlos A. Baccelli, p. 46, Didier editora.

Jesus não deve ser visto como uma figura que viveu há mais de dois mil anos e se apagou definitivamente para nós. Ele não pode ser apenas uma lembrança histórica; deve ser uma presença constante em todos os dias de nossa vida. Depois de crucificado, manifestando-se em espírito materializado, Jesus disse suas últimas palavras perante os discípulos:

"E lembrem disto: eu estou com vocês todos os dias, até o fim dos tempos".[17]

Precisamos crer num Jesus vivo, presente, próximo, amigo de todas as horas. Acreditar nesse Cristo vivo e presente abre para nós a possibilidade de uma experiência com ele, de uma relação amiga, de um intercâmbio psíquico e energético com aquele que se apresentou para nós como "o bom pastor, que dá a vida pelas suas ovelhas".[18]

Quando Jesus deixa de ser um símbolo morto para nós, ele passa a estar vivo ao nosso lado, nas mais diversas ocasiões da nossa jornada. É ele quem surge quando os problemas desabam sobre nós, dizendo aos nossos ouvidos: "Coragem! Sou eu! Não tenham medo!"[19]

Além de fortalecer nossa fé e nossa confiança, a presença viva de Jesus se destina a orientar nosso pensamento e

---

[17] Mateus 28, 20. Novo Testamento, Sociedade Bíblica do Brasil.
[18] João 10,11.
[19] Mateus 14, 27.

nossa conduta, conforme afirmou Chico Xavier. Precisamos buscar constantemente o pensamento do Cristo, integrando-nos a ele. Isso é aceitar o caminho do Cristo, é iluminar a nossa existência.

Quando estamos com ódio na mente, Jesus está ao nosso lado, pensando em perdão!

Quando estamos pensando em desistir da vida, Jesus está ao nosso lado, pensando em perseverança!

Quando a enfermidade derruba o nosso ânimo, Jesus está ao nosso lado, pensando na fé que remove montanhas!

Não devemos buscar Jesus fora de nós, e, sim, deixar que sua mensagem perfume o nosso mundo íntimo. Quando deixamos a mente do Cristo se refletir na nossa, grandes transformações começam a se operar em nós.

É pela renovação da nossa mente que podemos transformar o mundo, afirmou o Apóstolo Paulo.[20] O que era velho se torna novo, o que era amargo se torna doce, o que era escuridão se torna luz. Neste exato instante, a mente do Cristo está emanando amor, humildade, perdão, compaixão e paz. Entremos em sintonia com esse fluxo do pensamento crístico, deixando-nos envolver por ele, de corpo e alma, e Jesus surgirá vivo para nós, restaurando a nossa vida!

---

20   Romanos 12, 2.

....
**Quando deixamos a mente do Cristo se refletir
na nossa, grandes transformações começam
a se operar em nós.**
....

4

Florescer onde Deus nos plantou

༺───❀───༻

> *Jesus não nos pede o impossível; solicita-nos apenas colaboração e trabalho na medida de nossas possibilidades humanas, cabendo-nos, porém, observar que, se todos aguardamos ansiosamente o Mundo Feliz de Amanhã, é preciso lembrar que, assim como um edifício se levanta da base, o Reino de Deus começa de nós.*
>
> EMMANUEL[21]

---

21 Alma e Coração, psicografia de Francisco Cândido Xavier, p. 14, editora Pensamento.

Quantas vezes supomos que, para seguir Jesus, devemos nos tornar perfeitos do dia para a noite, precisamos renunciar aos nossos bens materiais, abdicar por completo da vida material e viver isolados do mundo e das pessoas? Estamos, porém, equivocados quando assim pensamos, pois o Mestre não deseja nos isolar do mundo, tampouco pede algo que esteja além das nossas possibilidades humanas, ainda que, dentro delas, nos peça um passo acima, na estrada da nossa evolução espiritual.

Jesus não nos exige, por ora, perfeição moral, mas nos convida ao aprimoramento pessoal. Ser melhores do que somos, isso nos é possível, e, eu diria, absolutamente necessário para a nossa felicidade. Não é ser perfeito; é ser uma pessoa melhor!

E ser melhor quer dizer ser mais humano, consciente de suas virtudes e de suas imperfeições e, por isso mesmo, empático e compreensivo com o próximo; ser alguém de fácil trato, aquele que não olha para si como o centro do Universo, mas como parte integrante da família de Deus, com a qual deve cooperar, para o bem geral, e não apenas para o bem de si mesmo.

O mundo feliz com que tanto sonhamos é uma construção diária, que começa em nós mesmos. Devemos nos perguntar, ao fim de cada dia, se, com as nossas atitudes, o mundo ficou um pouquinho melhor. O que sentimos que falta no mundo é exatamente o que precisamos oferecer a ele. Não somos capazes de acabar com a guerra entre as nações; no entanto, podemos extinguir as guerras que fomentamos em nossas relações pessoais, em nossos ambientes naturais de vida.

Não conseguiremos, por enquanto, acabar com a fome no mundo, mas um prato de comida, um simples pedaço de pão, somos perfeitamente capazes de oferecer. Não temos condições de consolar todos os aflitos do mundo; porém, uma palavra de consolação e esperança somos capazes de pronunciar a quem, desolado, cruzar o nosso caminho.

É sempre importante lembrar que precisamos florescer onde Deus nos plantou, cuidar bem do cantinho onde Deus nos colocou. Essa é a nossa maior missão de vida!

No mais das vezes, a pretexto de não podermos realizar o impossível, deixamos de fazer o possível. Como afirmou Chico Xavier:

"O Cristo não pediu muita coisa, não pediu que as pessoas escalassem o Everest ou fizessem grandes sacrifícios. Ele só pediu que amássemos uns aos outros".[22]

O amor que Jesus nos pede se revela em atitudes de fazer o bem a quem atravessa a nossa existência. O bem simples, que surge sem alarde nas ocorrências do cotidiano, em forma de palavras e gestos, sorrisos e abraços, compreensão e perdão, pão e afeto, a tal pon-

---

22 https://www.pensador.com/frase/MjA1Nzcw/ (acesso em 12 de dezembro de 2022).

to que o outro se sinta notado, querido e bem-vindo, que seu mundo, naquele momento, se torne mais feliz com a nossa presença! Eis o amor que Jesus ensina e que todos nós, em alguma medida, podemos oferecer desde já!

5

O homem

~~~~~~~~~~~~~~~~~~~~~~~~~~~~~~~~~~

> *Um certo dia um homem esteve aqui*
> *Tinha o olhar mais belo que já existiu*
> *Tinha no cantar uma oração*
> *E no falar a mais linda canção*
> *que já se ouviu*
> O Homem[23]

---

23 Letra e música compostas por Roberto Carlos e Erasmo Carlos. Veja a letra na íntegra em https://www.letras.mus.br/roberto-carlos/48647/ (acesso em 20 de dezembro de 2022).

Com esses versos, Roberto Carlos e Erasmo Carlos iniciam uma das mais lindas canções já compostas sobre o homem chamado Jesus. A letra diz que esse homem tinha o olhar mais belo que já existiu. Algumas vezes, eu me pego pensando em Jesus voltando seu olhar para mim. Confesso que não consigo mirar nos olhos dele, mas sinto que ele me olha como alguém que me conhece há muito tempo...

Seu olhar é terno, paciente e humano. Conhece os meus passos e tropeços, acompanha-me por onde vou e inspira-me silenciosamente na direção dos melhores caminhos. Nem sempre, porém, eu o sigo, mas seu olhar não desiste de mim.

A canção também diz que "o homem" caminhou pelos campos, subiu as montanhas e falou do amor maior. Nosso amor ainda é pequeno, quase infantil, subsiste apenas no círculo estreito dos nossos vínculos consanguíneos. E, muitas vezes, ainda é um amor que gera apego, ciúme, possessividade e até violência.

Do alto da montanha, Jesus falou de um amor maior, que nos faz enxergar todos os seres como integrantes da grande família universal, independentemente de raça, credo, nacionalidade, convicção política ou condição sexual. E a Terra é a nossa casa planetária comum, incluindo os animais, que também são nossos irmãos.

A música lembra que Jesus sempre volta a procurar pelas sementes que plantou em nosso coração. Ele é o jardineiro de Deus, e nós somos o jardim do qual ele cuida de maneira incessante, até o dia em que as sementes venham a florescer. Fico a me perguntar como anda o meu jardim. As sementes estão sufocadas na terra do meu egoísmo ou já começam a desabrochar com as flores do altruísmo?

Constato que meu jardim ainda não está florido, ainda tem mais espinhos do que flores. Jesus fala que os espinhos me machucam e que as flores me curam e tornam o mundo mais bonito para mim e para o próximo.

A canção termina dizendo que, mesmo constatando que nosso jardim está descuidado, sempre é tempo de plantar, de adubar a terra, de podar as ervas daninhas do mal e de fazer crescer, dentro de nós, a flor do bem.

Jesus é o Mestre da transformação interior! Ele enxerga o lírio no meio do pântano, a fresta de luz na caverna mais tenebrosa, o triunfo em meio aos maiores fracassos, a alegria que surgirá de cada lágrima, o anjo se esculpindo nos homens mais rudes.

É através das nossas fraquezas que "o homem" nos busca. É quando falhamos que ele mais se aproxima de nós. Ele é o pão quando estamos famintos, a água quando estamos sedentos, o caminho quando estamos perdidos. Pelas nossas quedas, ele nos levanta; pelos nossos erros, ele nos ensina; pelas nossas fraquezas, ele nos faz fortes!

Neste instante, ao terminar este capítulo, sinto que ele acabou de passar por mim, plantou sementes de alegria no meu coração e me avisou que irá correndo te encontrar!

6
Bem-aventurados os simples

> *Só reconhecerá a grandeza divina*
> *quem reconhecer primeiro*
> *a sua pequeneza humana.*
>
> Mário Frigéri[24]

---

24 O Esplendor das Bem-Aventuranças, p. 23, Editora Mundo Maior.

Jesus inicia o Sermão da Montanha, tido como seu discurso mais importante, falando exatamente que os humildes, os pobres em espírito, gozariam das maravilhas do Reino dos Céus.[25] Os humildes são os pobres de ego, isto é, pobres de orgulho, de arrogância, de egoísmo, de prepotência. São os simples, os que se reconhecem pequenos, ante a grandeza infindável do Universo.

São, também, humildes os que admitem que são falhos, imperfeitos e frágeis, que sabem que muito pouco ou quase nada sabem. São vazios de empáfia. Os humildes não se sentem superiores a quem quer que seja; por isso, usam muito duas expressões importantes em qualquer relação humana: "por favor" e "muito obrigado". Eles sabem que todos somos incompletos e, portanto, interdependentes; são prestativos e não se envergonham de pedir ajuda quando precisam.

Os humildes também se zangam, porém perdoam com mais facilidade, pois se olham frequentemente no espelho e enxergam seus ângulos imperfeitos e, desse modo, são mais rápidos em desculpar as linhas tortas alheias.

Já os orgulhosos não gostam desses espelhos, ou talvez nem achem que precisam deles, pois superdimensionam sua estatura. E, assim, têm grande dificuldade de perdoar, pois, não reconhecendo a imperfectibilidade humana, exigem correção absoluta dos outros. Pela

---
25 Mateus 5, 3.

mesma razão, também não conseguem perdoar a si próprios, pois, não reconhecendo a própria humanidade, tratam-se como deuses infalíveis.

Os humildes sabem que não são o centro do Universo, têm noção de que são apenas um pequeno elo da grande corrente cósmica. Por tal razão, respeitam os demais elos da corrente, valorizam a diversidade, porque não se julgam completos, indispensáveis e insubstituíveis; admitem que cada elo tem a sua importância, a sua beleza e a sua originalidade.

Já os orgulhosos são narcísicos, só têm olhos para si mesmos, não enxergam os outros e, assim, não estabelecem conexões de alma para alma e se afogam, solitários, no espelho ilusório do endeusamento de si mesmos.

Os humildes, geralmente, são modestos, contentes com as conquistas realizadas. Já os orgulhosos nunca estão satisfeitos, nunca se fartam, querem sempre mais e mais, são insaciáveis acumuladores. Sentem-se onipotentes, querem conquistar o mundo, mas a um preço demasiadamente caro, a ponto de perderem os afetos, a saúde, os valores do coração, os princípios éticos, quando não a própria vida. Para eles, Jesus faz uma pergunta contundente:

— Que aproveita ao homem ganhar o mundo inteiro e arruinar sua própria vida?[26]

---
26 Marcos 8, 36. Bíblia de Jerusalém. Paulus.

Jesus foi o exemplo vivo de humildade. Espírito da mais alta elevação que se conheceu na Terra, nasceu numa estrebaria, cercado de animais, e foi colocado numa manjedoura de palha. Para realizar sua missão divina, fez-se humano, reuniu homens simples para o trabalho conjunto, lavou os pés dos seus discípulos, mostrou que veio para servir.

Alimentou a multidão faminta, curou doentes do corpo e da alma, sentou-se à mesa com pecadores excluídos do caminho do Céu pelos religiosos de então. Ofendido, não rebateu injúrias. Agredido, mostrou a outra face e pediu a Deus que perdoasse seus ofensores. Terminou sua vida preso e morto, mas a cruz não foi capaz de detê-lo. Ele ressurgiu, glorioso, e, na grandeza da sua humildade, recordou-nos suas palavras:

"Aprendei de mim, porque sou manso e humilde de coração".[27]

---

27 Mateus 11, 29. Bíblia de Jerusalém. Paulus.

7

Abrir as janelas

> *Jesus está presente. Espera por nós. Sigamos com Ele e, num gesto de compaixão e amor de uns para com os outros, superemos o egoísmo e reconciliemo-nos, de uma vez por todas, com a própria consciência, amando, servindo e realizando o bem ao nosso alcance.*
>
> SERVÍLIO MARRONE[28]

---

28 Jesus, ainda e sempre, psicografia de Clayton Levy, p. 2, editora Allan Kardec.

Jesus não está ausente de nossas vidas. Não é um mestre que se distancia do aluno, sobretudo quando o aprendiz está em dificuldades.

Ele sabe quem somos, conhece-nos pelo nome, acompanha-nos a marcha. Atua em nosso favor de mil modos. Seu pensamento nos procura, inspirando-nos os melhores caminhos. Nem sempre, porém, estamos sintonizados com ele, nem sempre estamos dispostos a ouvir a orientação viva do seu Evangelho através da oração e da reflexão.

Mesmo assim, ele insiste em nos buscar através da ajuda de um amigo ou até de um estranho que cruza o nosso caminho, do conselho de um familiar, da página de um livro que nos chega às mãos, de uma mensagem de ânimo que nos surge inesperadamente pela internet.

Jesus é o amigo incansável, que vem ao nosso encontro quando tudo nos parece perdido, quando nos sentimos no fundo do poço, quando a doença nos abate, quando os revezes nos tiram o chão, quando perdemos o sentido da nossa vida e quando vivemos alheios aos planos que Deus traçou para cada um de nós.

Nesses momentos dolorosos, Jesus está ao nosso lado, não apenas para remediar a situação que nos aflige, mas, principalmente, para curar algo em nós que esteja adoecendo a nossa vida. Quando oramos a ele pedindo que solucione algum problema e não obtemos a resposta desejada, tenhamos a certeza de que o problema em si existe para transformar algo que se tornou disfuncional dentro de nós!

Em regra, problemas são mestres disfarçados, geralmente rigorosos, que não nos deixam enquanto não aprendemos a lição necessária ao nosso crescimento. Numa belíssima canção de Beto Guedes, há um trecho que diz assim:

> *Sol de primavera*
> *abre as janelas do meu peito*
> *a lição sabemos de cor*
> *só nos resta aprender.*[29]

Jesus pode ser comparado a esse sol que vem abrir o nosso peito ao amor, à fraternidade, ao perdão, ao entusiasmo pela vida, a colocar os nossos potenciais a serviço da coletividade, e não apenas do nosso exclusivo interesse. A vida é boa quando eu trabalho para que ela seja boa para todos, e não somente para mim. É por isso que, na ótica de Jesus, servir ao próximo é o caminho para a felicidade, dar é sempre mais prazeroso do que receber.[30]

Sei que nosso ego se recusa a pensar desse modo, pois ele acredita que dar é perder, dividir é empobrecer, acumular é enriquecer, e não estou falando exclusivamente

---

29 Canção "Sol de Primavera".
30 Atos 20, 35.

de bens materiais. Falo de todos os recursos e habilidades que a vida nos permite conquistar, os quais, uma vez compartilhados com alegria, são capazes de levar felicidade aos outros e trazer felicidade duplicada a nós. Quando vivemos pilotados pelo egoísmo, sofremos e fazemos o outro sofrer. O que não curamos em nós continua se repetindo em nossa vida.

Na lógica de Jesus, muito bem explicada na Oração de São Francisco, é dando que nós recebemos, é perdoando que somos perdoados, é amando que somos amados... É a Lei do Amor, que envolve as duas faces da mesma moeda: o dar e o receber, um ligado ao outro.

Li nos jornais, certa feita, a notícia de um homem de boas posses, que residia numa casa luxuosa. Ele morava sozinho, e a casa tinha uma linda piscina. Mas ele era um homem triste. Não tinha familiares próximos, nem amigos que o visitavam. Até que, um dia, olhando pela janela, viu que muitas crianças pobres do bairro brincavam defronte à sua moradia.

O "sol de Jesus", então, bateu em seu peito e surgiu uma vontade imensa de convidar aquelas crianças a brincar na piscina de sua casa. Foi o que ele fez. As crianças nem acreditavam que ali, tão perto delas, havia uma piscina maravilhosa, da qual poderiam desfrutar! E foi tanta festa, foram tantos mergulhos, tantos risos, tantos rostinhos felizes, que o dono da casa, a partir de então, franqueou permanentemente a entrada das crianças em sua casa. E a alegria delas curou a sua tristeza!

Enquanto nosso peito não se abrir à consciência amorosa, não bastará pedir a Jesus que remova nossos obstáculos, pois a maioria deles está lapidando em nós uma criatura melhor, isto é, despertando virtudes que nos falta adquirir e que são a chave para uma vida mais feliz. A tristeza que o dono da casa sentia era sinal de que as janelas de seu peito precisavam se abrir para a solidariedade, para o amor.

Nós pedimos o amparo de Jesus, e ele nos mostra o caminho a seguir: amar, servir e fazer o bem ao nosso alcance é o roteiro certo, onde encontraremos Jesus trabalhando em nós! A lição, sabemos de cor. Só nos resta aprender...

· · · · · · ·

Jesus é o amigo incansável, que vem ao nosso encontro quando perdemos o sentido da nossa vida e quando vivemos alheios aos planos que Deus traçou para cada um de nós.

· · · · · · ·

8

Programa divino

~~~~~~~~~~~~~~~~~~~~~~~~~~~~~~

> *Pois, na cidade de Davi, vos nasceu hoje o Salvador, que é Cristo, o Senhor. E isto vos será por sinal: achareis o menino envolto em panos, e deitado numa manjedoura. E, no mesmo instante, apareceu com o anjo uma multidão dos exércitos celestiais, louvando a Deus, e dizendo: Glória a Deus nas alturas, paz na terra, boa vontade para com os homens.*
>
> EVANGELHO DE JESUS SEGUNDO LUCAS[31]

---

31 Lucas 2, 11-14. Bíblia, tradução de João Ferreira de Almeida, Sociedade Bíblica do Brasil.

Quando Jesus nasceu, as legiões angélicas expressaram qual seria o programa central do trabalho que o Cristo viria realizar: "Glória a Deus nas alturas, paz na terra e boa vontade para com os homens". Evidente que não era um programa de responsabilidade exclusiva de Jesus. Era também, e ainda é, um programa de ação para toda a Humanidade. O coro dos anjos celestiais continua ecoando até os dias de hoje!

O plano divino é composto de três enunciados:

1. Glória a Deus nas alturas

Este primeiro ponto nos faz lembrar que Deus cria, sustenta, organiza a vida e cuida da evolução espiritual de cada um de seus filhos, com o propósito de que sejam felizes e vivam para a fraternidade e o bem comum. Reconhecer a existência dessa força superior e colocar-se sob a direção dela é uma das lições mais expressivas que Jesus nos deixou:

"Porque eu desci do céu, não para fazer a minha vontade, mas a vontade daquele que me enviou".[32]

Essa força superior, podemos chamá-la de Deus, o Pai, a Fonte, Adonai, Javé, o Ser, a Inteligência Suprema, Brahma...

"Glória a Deus nas alturas" nos convida a viver colaborando com o plano divino, que tem como propósito que os homens vivam uns com os outros como irmãos, todos pertencentes à família universal. Quando me alinho a esse propósito, crio felicidade para o próximo e,

---

32 João 6, 38. Bíblia, tradução de João Ferreira de Almeida, Sociedade Bíblica do Brasil.

por consequência, crio felicidade para mim também. Quando, porém, vivo em atrito com a vontade do Pai, por orgulho e egoísmo, num comportamento semelhante à rebeldia, crio sofrimento em minha vida, pois me distancio da órbita divina do bem, da harmonia e do justo.

Léon Denis é muito preciso ao afirmar que necessitamos nos tornar "agentes de Deus na Obra Eterna; trabalhar para o Universo, como o Universo trabalha para nós, tal é o segredo do destino".[33]

2. Paz na terra

O segundo aspecto do programa de Jesus é o estabelecimento da paz entre os homens. Decorridos cerca de dois mil anos de sua passagem pela Terra, a paz ainda é um sonho para nós. Será que Jesus falhou em sua missão? Certamente, não! As vozes celestiais que se pronunciaram no nascimento de Jesus conclamaram todos os filhos da Terra a trabalhar para a paz.

Jesus deu e tem dado a sua inestimável contribuição para a paz, ensinando e mostrando o caminho no qual também poderemos viver em paz. O Mestre viveu em paz, respeitou todos os que cruzaram o seu caminho, não revidou ofensas, perdoou seus agressores, compreendeu as fraquezas humanas, importou-se mais com o amor do que com o pecado, repreendeu Pedro quando ele usou a espada para defendê-lo da ordem de prisão, aceitou as pessoas como elas podiam ser, oferecendo-lhes caminhos novos, capazes de levá-las à

---

33   O problema do ser, do destino e da dor, p. 400, FEB editora.

reconciliação íntima, com o próximo e com Deus. Definitivamente, Jesus é o Mestre do Caminho para a paz!

Fomos convocados pelas Esferas de Luz a seguir os passos do Cristo, trabalhando pela paz na Terra, paz que nasce, primeiramente, em nós mesmos, quando terminamos com as guerras interiores, retirando os espinhos que nos ferem; paz que se irradia para o próximo, quando temos por ele aquela empatia que nos impede de machucá-lo, o que, geralmente, acontece quando não mais projetamos nos outros os espinhos que nos machucam.

3. Boa vontade para com os homens

Como somos seres humanos imperfeitos, uma convivência saudável exige que não sejamos implicantes, que não estejamos sistematicamente de má vontade para com as pessoas, que tenhamos uma boa dose de paciência e compreensão para com os limites de cada um. E assim devemos agir porque, na verdade, os outros também precisam de tudo isso para conviver harmoniosamente conosco.

Jesus foi pródigo em boa vontade para com todos. Ele não escolheu entidades angélicas para se tornarem seus seguidores. Estes eram seres humanos comuns, como nós, mas Jesus viu o anjo que se escondia em cada um deles, e, pacientemente, foi lapidando um por um.

É desse mesmo jeito que Jesus faz conosco. Há mais de dois mil anos ele nos espera, nos acompanha, nos incentiva, poda as nossas arestas e liberta em nós o ser divino, servidor do Eterno, para a glória de amar e servir!

9
Coragem de se reconhecer imperfeito

> É, de resto, o próprio Jesus, este terapeuta, quem se define como "médico", porém não para os sãos, ou para aqueles que presumem sê-lo, mas para os doentes que têm a coragem de reconhecer-se como tais.
>
> HANNA WOLFF[34]

---

34   Jesus psicoterapeuta, p. 12, Paulinas.

Jesus conta uma parábola muito interessante a respeito de como nos apresentamos diante de Deus. Diz ele:

"Dois homens foram ao Templo para orar. Um era fariseu,[35] e o outro cobrador de impostos. O fariseu ficou de pé e orou sozinho, assim: 'Ó Deus, eu te agradeço porque não sou avarento, nem desonesto, nem imoral com as outras pessoas. Agradeço-te também porque não sou como este cobrador de impostos. Jejuo duas vezes por semana e te dou a décima parte de tudo o que ganho'. Mas o cobrador de impostos ficou de longe e nem levantava o rosto para o céu. Batia no peito e dizia: 'Ó Deus, tem pena de mim, pois sou pecador'".

E Jesus terminou, dizendo:

"Eu afirmo a vocês que foi este homem, e não o outro, que voltou para casa em paz com Deus. Porque quem se engrandece será humilhado, e quem se humilha será engrandecido".[36]

Nessa parábola, Jesus afirma que foi o cobrador de impostos quem voltou para casa em paz com Deus, não o fariseu, que se autoelogiava publicamente por cumprir suas obrigações religiosas e, ainda por cima, apontava as imperfeições do outro. Lembremos que o cobrador de

---

35 Lucas 18, 10-13. Membro de um dos principais grupos religiosos dos judeus. Os fariseus seguiam rigorosamente a Lei de Moisés e as tradições e os costumes dos antepassados (vocabulário constante do Novo Testamento, Sociedade Bíblica do Brasil).

36 Lucas 18, 14. Novo Testamento, Sociedade Bíblica do Brasil.

impostos se confessou pecador, sequer conseguia olhar para o Alto.

Como entender essa lógica de Jesus, que apontou o pecador como aquele que saiu do templo em paz com Deus, e não o fariseu, que se proclamava virtuoso?

Deduzo que Deus sabe que, em nossa atual condição humana, jamais atingiremos a perfeição. Porém, Ele espera, em primeiríssimo lugar, sinceridade de nossa parte, honestidade íntima, autoconhecimento suficiente para reconhecer que, a par de algumas virtudes já conquistadas, temos ainda muitos pontos fracos, que precisam ser trabalhados.

O cobrador de impostos teve a humildade de reconhecer seus erros. Já o fariseu não tinha uma visão profunda de si mesmo, não via, ou não queria ver, por causa do orgulho, as naturais imperfeições da condição humana.

O pior doente é aquele que não sabe, ou não quer saber, que está doente. Para este não há tratamento, não há cura. O cobrador de impostos estava mais próximo de se libertar dos seus erros do que o fariseu, que nem se dava conta de que os tinha. O autoconhecimento gera humildade, pois tomamos consciência das nossas potencialidades e também das nossas fraquezas; ele nos devolve a humanidade que perdemos quando subimos no pedestal do orgulho.

O autoconhecimento nos faz descer do pedestal. Essa descida, via de regra, é dolorosa, mas faz um bem enorme. Acredito que seja exatamente essa a sensação de paz que tomou conta do cobrador de impostos, ao sair do templo. Tomar consciência da nossa humanidade nos torna pessoas mais simples, leves, compreensivas, maleáveis, satisfeitas, gratas, empáticas, benevolentes, propensas a perdoar a nós mesmos e aos outros, e jamais perfeccionistas. Ufa!

Outro benefício do autoconhecimento é trazer para a consciência aquilo que está no inconsciente. O que fica no inconsciente não está inativo, morto. Está dirigindo a nossa vida, está criando o nosso destino, sem que a gente se dê conta disso.

Quando, através da prática do autoconhecimento, trazemos para o consciente os nossos comportamentos autodestrutivos e os sentimentos submersos que nos levam a eles, somos capazes da segunda coisa que Deus espera de nós, depois da sinceridade: ter o empenho em gerenciar os impulsos negativos que antes nos dominavam sem que a gente soubesse!

Nossas imperfeições não desaparecerão de uma hora para outra. No entanto, ao tomarmos consciência de que as temos, já estaremos nos conhecendo mais profundamente e descobrindo o que nos leva a agir, por exemplo, por ciúme, inveja, arrogância, melindre, ganância, prepotência, egoísmo e tantas outras paixões inferiores, que machucam os outros e ferem também a nós.

Esse conhecimento nos permitirá, pouco a pouco, interferir no processo, desarmando nossas "bombas" interiores, quando elas estiverem prestes a explodir, ou, quando ainda não tivermos conseguido evitar a explosão, ao menos conseguiremos reparar o mal causado aos feridos e ficar ainda mais conscientes dos gatilhos que nos tiram do prumo. E passaremos a fazer isso porque será nosso desejo que ninguém mais sofra por nossa causa e porque também não iremos mais querer sofrer.

Jesus é o psicoterapeuta que nos acompanhará nesse longo processo que, como o cobrador de impostos, tem início quando entramos em nosso templo interior, descemos do pedestal do orgulho, reconhecendo a nossa falibilidade humana, e, a partir de então, mais humildes, passamos a trabalhar pacientemente para a aquisição das virtudes que nos faltam.

....
O autoconhecimento nos faz descer do
pedestal. Essa descida, via de regra, é
dolorosa, mas faz um bem enorme.
....

10

O seu Cristo interior

~~~~~~ ❦ ~~~~~~

> *Possuis o Cristo interno, poderoso, que é teu, mas o manténs manietado, sem ensejar-lhe ação. Deixe-o espraiar-se através de ti.*
>
> JOANNA DE ÂNGELIS[37]

---

37 Filho de Deus, psicografia de Divaldo Pereira Franco, p. 42, Leal editora.

Possuímos um Cristo interior. E o que isso significa?

Cristo não era propriamente o nome civil que se agregava ao nome de Jesus de Nazaré. A palavra "Cristo" tem uma conotação simbólica: designa a pessoa "ungida" por Deus, aquela que traz em si a marca indelével do Criador, pois, segundo Yogananda, alcançou a união com a Consciência Divina.[38] Jesus afirmou: "Eu e o Pai somos um",[39] isto é, Jesus é o reflexo puro do Pai e, por isso, ele foi reconhecido como o Cristo, tal como o denominou o apóstolo Pedro.[40]

Existem muitos outros "Cristos" pelo Universo; Jesus é um deles. E nós também podemos sê-lo, pois a Divindade é imanente em toda a criação, isto é, está presente em todos os seres. Afinal, nós fomos criados à imagem e semelhança de Deus, como consta das escrituras.[41]

Nesse sentido, tornar-se "Cristo" é uma possibilidade aberta a todos nós; aliás, eu diria que é o alvo para o qual Deus nos destinou. Todos nós, um dia, nos tornaremos "Cristos", assim como Jesus se tornou, e outros tantos avatares. Acredito que a grande missão de Jesus foi – e continua sendo –, despertar o nosso Cristo in-

---

38 A segunda vinda de Cristo, Paramahansa Yogananda, volume 1, p. 632, Self-Realization Fellowship.
39 João 10, 30.
40 Mateus 16, 16.
41 Gênesis 1, 26.

terno, a fim de que nós possamos fazer o que ele fez, e ainda muito mais, segundo suas próprias palavras.[42]

Nós procuramos o Cristo fora, e ele procura o nosso Cristo interno, a nossa centelha divina, a essência sábia e amorosa que nos constitui. Ainda precisamos tomar consciência da nossa mais pura essência, fazê-la crescer, amadurecer, dar frutos, sobrepor-se ao nosso "eu inferior", carente de amor, inseguro, egocêntrico, que sofre e faz o outro sofrer.

Jesus veio despertar o nosso centro mais puro e divino, quando disse que somos deuses,[43] que somos o sal da terra,[44] a luz do mundo,[45] e que o Reino de Deus está dentro de nós.[46] Diante disso, nosso alvo não é buscar Jesus nos altares de pedra, mas encontrar o Cristo dentro de nós!

Jesus trabalha para que, assim como ocorreu a ele, a consciência divina também encontre abertura em nossa vida. A missão do Cristo Jesus é despertar outros Cristos, a fim de que a nossa essência divina se manifeste de forma cada vez mais crescente, criando uma vida mais feliz e diminuindo, assim, as sombras do "eu inferior", fonte dos nossos sofrimentos.

---

42 João 14, 12.
43 João 10, 34.
44 Mateus 5, 13.
45 Mateus 5, 14.
46 Lucas 17, 21.

É preciso ter ciência de que o despertar do Cristo interno é um processo, é um caminho longo e árduo, mas extremamente compensador. A oração ajuda, a reflexão da mensagem de Jesus é muito importante também, o autoconhecimento é um recurso indispensável.

Mas há um fator que considero fundamental: a vontade! A vontade de ser bom, a vontade de expressar "meu Cristo", não por uma vaidade egoica, mas por necessidade de ter paz, de ser feliz, de viver bem comigo e com o meu próximo. De ser mais indulgente, humano e compreensivo. De ser simples, despretensioso, de não guardar mágoas e rancores, de não ter inimigos... Tudo isso não é o retrato do próprio Cristo?

Minha alma se enche de vontade de fazer nascer o meu Cristo interior. Meu coração bate feliz! Creio que o seu também. Acho que é Jesus despertando o nosso Cristo interior...

11

O *amor* está acima da religião

> *Com Jesus, também, a ênfase na pessoa pode enfraquecer a mensagem. Talvez gastemos mais energia na sua deificação[47] e na sua defesa que tentando viver a vida que ele com tanto cuidado expôs.*
>
> THOMAS MOORE[48]

---

47 Endeusamento (Nota do Autor).
48 Escrito na areia, o exemplo de Jesus nos ensina a viver melhor, p. 16, Prumo.

Jesus costuma ser mais adorado do que exemplificado, mais discutido do que vivido. Infelizmente, usa-se a figura de Jesus para fomentar perseguições religiosas, para alimentar preconceitos, para separar os homens entre "convertidos" e "pecadores", enfim, para fazer tudo aquilo que Jesus jamais ensinou!

O nome do Cristo tornou-se mais importante do que a sua mensagem! Adora-se a Jesus, mas sacrifica-se a sua mensagem de paz, concórdia e amor entre os homens. Ele não fundou religião alguma; falou que todos somos filhos do mesmo Deus, porém os homens se dividem e se digladiam por causa do seu nome. Nem sempre vamos encontrar o Cristo no cristianismo que os homens criaram!

Jesus é universal! Não é "propriedade" de religião alguma. Ele está em todos os templos onde se cultiva o amor, mas não pertence a nenhum deles!

A bem da verdade, os templos cristãos podem até mesmo estar vazios do Cristo. Conta-se que, num dia de rigoroso inverno, determinada igreja suntuosa permaneceu fechada para proteger seus responsáveis do frio. Outra igreja, de construção singela, no entanto, abriu suas portas à noite para acolher moradores de rua. Os bancos da igreja foram afastados, colchões foram espalhados no chão, e o calor da solidariedade aqueceu todos os corações presentes. Ora, em qual dessas igrejas encontraríamos Jesus?

Chico Xavier costumava peregrinar pelas ruas sofridas da periferia de Pedro Leopoldo e Uberaba, muitas vezes debaixo de frio e chuva. Levava mantimentos, oração e a sua presença amorosa. Passava de casa em casa, e a maioria das pessoas nem espírita era. Mas isso não tinha a menor importância, porque Chico sabia que Jesus não fundou religião alguma, não era católico, protestante ou espírita; ele apenas trouxe um sistema de vida baseado no amor e na fraternidade entre os homens.

Como afirmou Thomas Moore, é preciso pensar nos Evangelhos "como uma fonte de cura, algo para ajudar a estabelecer uma comunidade global em vez de um planeta de competidores e inimigos".[49]

Madre Teresa percorria as ruas de Calcutá à procura de pessoas agonizando nos depósitos de lixo, onde eram jogadas para morrer. Ela as retirava dos latões, dava-lhes água, limpava-lhes o suor, tratava-as como pessoas muito queridas. Uma delas lhe perguntou:

— Senhora, qual é a sua religião?

— Por que deseja saber isso, meu filho? — perguntou a Madre.

— É porque eu desejo morrer na sua religião!

Teresa silenciou. Freou o impulso de se dizer católica, ou mesmo cristã, e respondeu:

---

[49] Escrito na areia, o exemplo de Jesus nos ensina a viver melhor, p. 18, Prumo.

— Minha religião é o amor, meu irmão.

E foi nos braços de Teresa que esse irmão partiu da Terra, talvez sem conhecer Jesus, mas tendo experimentado o amor que ele nos ensinou!

12

Venha comigo

~ ⚜ ~

> Jesus saiu outra vez e foi para o lago da Galileia. Muita gente ia procurá-lo, e ele ensinava a todos. Enquanto estava caminhando, Jesus viu Levi, filho de Alfeu, sentado no lugar onde os impostos eram pagos. Então disse a Levi: — Venha comigo.
>
> Levi se levantou e foi com ele. Mais tarde, Jesus estava jantando na casa de Levi. Junto com Jesus e os seus discípulos estavam muitos cobradores de impostos e outras pessoas de má fama que o seguiam.
>
> EVANGELHO DE JESUS SEGUNDO MARCOS[50]

---

[50] Marcos 2, 13-15. Novo Testamento, Sociedade Bíblica do Brasil.

Levi era um cobrador de impostos. Os cobradores de impostos, também chamados de publicanos, eram nomeados por Roma e cobravam tributos dos judeus para o Império que, à época de Jesus, dominava Israel. De acordo com John MacArthur:

"Os publicanos eram homens que compravam do imperador romano o direito de cobrar impostos e que depois extorquiam do povo de Israel o dinheiro para encher os cofres romanos e seus próprios bolsos".[51]

É possível imaginar que Levi não era figura grata aos judeus, não somente pela maneira abusiva com que impunha pesados tributos, mas, sobretudo, porque, sendo também judeu, era considerado um traidor do povo. Para a religião de então, os publicanos eram considerados pecadores e, como tais, não podiam sequer entrar no templo.

Contrariando, contudo, todas as expectativas dos seguidores do Nazareno, Levi foi expressamente chamado por Jesus para segui-lo. Isso causou um desagrado geral! Os populares, decerto, pensavam:

"Como o Cristo, o ungido de Deus, pode se misturar a pecadores? Como os puros se misturam aos impuros?"

---
51   Doze homens extraordinariamente comuns, p. 170, Thomas Nelson.

Aliás, logo depois de Levi ter sido convocado, o Evangelho narra que houve um banquete na casa dele, durante o qual Jesus se sentou à mesa com outros cobradores de impostos e pecadores de todo gênero. Os fariseus ficaram escandalizados com o comportamento do Mestre!

O próprio Jesus, porém, se explicou: "Os que têm saúde não precisam de médico, mas sim os doentes. Eu vim para chamar os pecadores e não os bons".[52]

O Mestre do Caminho ensina que precisamos rever nossas concepções sobre pecado e pecadores!

Necessitamos tirar o peso condenatório que existe sobre a ideia de "pecado", o qual nos lança na vala dos rejeitados por Deus e acaba nos afastando cada vez mais Dele.

Jesus vem nos fazer rever essa visão, que não se ajusta ao amor de Deus. Tanto é assim que o Mestre não se afasta dos pecadores, não os discrimina, não os rejeita; ao contrário, senta-se à mesa com eles e os convida a um caminho novo!

"Pecado" é apenas o erro, o desvio que tomamos da rota da felicidade! E quem nesta vida pode se atribuir a condição de nunca ter errado? Ainda ecoa no ar aquela

---

52 Marcos 2, 17. Novo Testamento, Sociedade Bíblica do Brasil.

afirmação de Jesus: "Quem dentre vós não tiver pecado, atire a primeira pedra".[53]

Para mim, está claro que Jesus aceita a nossa condição humana imperfeita, frágil e vulnerável. Está claro também que Jesus não separa o mundo entre "virtuosos" e "pecadores", pois todos nós, em alguma medida, carregamos sombra e luz, virtudes e imperfeições; somos altruístas às vezes, egoístas, outras tantas...

Jesus deseja tão somente que enxerguemos o cisco que está em nosso olho, que estejamos conscientes da nossa escuridão e do quanto ela nos faz sofrer, a fim de que possamos trabalhar pelo nosso aperfeiçoamento íntimo.

Jesus está conosco como um professor paciente e amoroso, que está com o aluno na sala de aula. Eu fui alfabetizado com uma cartilha chamada "Caminho Suave". O Evangelho é a nossa "cartilha de alfabetização espiritual", e poderia ser chamada também de "Caminho Suave", pois, segundo o Mestre, "seu fardo é leve, seu caminho é suave".

Quanto aos fariseus, todavia, que se julgavam criaturas perfeitas, Jesus foi enfático com eles: "Ai de vocês, mestres da Lei e fariseus, hipócritas! Pois vocês fecham a porta do Reino do Céu para os outros, mas

---

[53] João 8, 11. Bíblia Sagrada, tradução oficial da CNBB.

vocês mesmos não entram, nem deixam que entrem os que estão querendo entrar".[54]

Jesus é o mestre das portas abertas para o Reino do Céu! Ele sabe em que ponto nos encontramos, na infinita escada da evolução. Ele sabe que, como humanos, ainda somos incoerentes, paradoxais, às vezes flor, às vezes espinho, às vezes generosos, às vezes mesquinhos, às vezes anjos, às vezes brutos...

Levi era assim. Provavelmente, um homem muito voltado à posse dos bens materiais. Mas Jesus abriu-lhe as portas para um novo caminho. Mostrou a ele valores muito mais ricos do que os tesouros da Terra!

Levi aceitou o convite de pronto! Ele não se transformou de um dia para o outro. Contudo, ao ser tocado pela mensagem do Mestre, foi, aos poucos, lapidando suas imperfeições e deixando que o seu Cristo interior brilhasse, iluminando o seu caminho.[55]

Sua primeira atitude, logo ao ser chamado por Jesus, foi convidar seus amigos "pecadores" a um banquete com Jesus, feito que deve ter sido inédito a um homem que vivia até então só com as suas moedas de ouro.

Sinto, verdadeiramente, que, neste momento, Jesus está passando à nossa frente. Ele para, mira os nossos

---

54   Mateus 23, 13. Novo Testamento. Sociedade Bíblica do Brasil.
55   Levi seguiu Jesus até o fim de seus dias. Ficou conhecido também pelo nome de Mateus, autor de um dos Evangelhos (Nota do Autor).

olhos com ternura, sorri, não lista nossos erros, não nos julga e, como fez a Levi, convida-nos, amorosamente, a também segui-lo, assim, de pronto, sem títulos de santidade. Apenas seguir o Mestre do Caminho, abrindo-nos para as lições que ele tem a nos ensinar.

Vamos?

13
Alguém nos chama

~~~~~~ ❦ ~~~~~~

> *Por que pensar em termos muito grandiosos? Comece a ajudar-se e a ajudar pessoas próximas. O próprio Cristo, que poderia ter dito "Amai a humanidade", preferiu dizer "Amai o próximo". Amar e servir o próximo é simples, imediato, e já nos cria bastantes compromissos, quanto mais "servir à humanidade"!*
>
> HERMÓGENES[56]

---

[56] Sabedoria de Hermógenes, p. 39, Saraiva.

Muitas vezes, somos levados a pensar que, para viver o amor que Jesus nos ensinou, precisamos vender todos os nossos bens, abandonar a nossa família, alimentar multidões, construir creches, hospitais, escolas; abrir templos, acabar com as guerras no mundo, amar a Humanidade... E, porque dificilmente conseguimos concretizar esses grandes ideais, deixamos de fazer o simples, o possível, o que está ao nosso alcance.

Não temos como extinguir as guerras entre nações; no entanto, podemos extinguir as guerras em nossos lares.

Não conseguimos amar a Humanidade, mas podemos viver bem com nossos familiares, amigos, vizinhos e colegas de trabalho.

Não podemos acabar com a fome no mundo; entretanto, um prato de comida ou um simples pedaço de pão nos é possível oferecer ao faminto que cruza o nosso caminho.

Não somos capazes de curar os doentes do mundo; porém um simples remédio podemos doar a quem, sem ter como comprar, geme num leito de dor ou debaixo de um viaduto.

Não temos condições de levar consolo ao mundo inteiro, contudo, um livro podemos oferecer a quem caminha no desespero.

E todo o auxílio ao próximo também deve começar pelo próximo mais próximo de nós, que somos nós mesmos. Ajudemo-nos, também. Sejamos caridosos conosco, porque, em alguma medida, somos igualmente necessitados, doentes, famintos, carentes, frágeis... Não conseguiremos salvar o próximo se não salvarmos a nós mesmos!

Embora Jesus sempre tenha exercido grande missão junto à Humanidade, ele nunca se descuidou de suas relações pessoais, oferecendo a sua amizade a todos que o procuravam, principalmente aos mais aflitos e atormentados. Lembro que ele, mesmo sendo o Redentor da Humanidade, o Governador Espiritual da Terra, não deixou de curar a sogra de Pedro de uma simples febre.[57] Ele pregou o Reino de Deus não apenas com palavras, mas vivendo a bondade e o amor em cada trecho do seu caminho, em cada pessoa que esteve em sua presença.

Surge também na lembrança a passagem em que Pedro, ao se aproximar do templo para orar, foi abordado por um paralítico que lhe pedia esmolas. Pedro olhou demoradamente em seus olhos e disse: "Prata e ouro não tenho, mas o que tenho te dou: em nome de Jesus Cristo, o Nazareno, põe-te a andar".[58] E consta que o paralítico foi prontamente curado. Pedro não tinha sequer uma moeda para dar, não tinha ouro nem prata, mas o que

---

57 Mateus 8, 14-15.
58 Atos 3, 6-8. Bíblia do Peregrino, tradução de Luís Alonso Schökel, Paulus.

ele tinha – fé em Nosso Senhor e amor no coração –, isso ele deu. E foi o bastante!

A missão gloriosa de Jesus na Terra foi construída a partir das pessoas que ele encontrou e amou, e continua encontrando e amando até os dias de hoje, como acontece, provavelmente, agora mesmo, com você, comigo e com tantos outros que o chamam. Façamos o mesmo. Exatamente agora, alguém muito próximo chama pelo nosso amor!

14

Pertinho do céu

> *Alguns fariseus perguntaram a Jesus quando ia chegar o Reino de Deus. Ele respondeu:*
> *— Quando o Reino de Deus chegar não será uma coisa que se possa ver. Ninguém vai dizer: "Vejam! Está aqui" ou "Está ali". Porque o Reino de Deus está dentro de vocês.*
>
> EVANGELHO DE JESUS SEGUNDO LUCAS[59]

---

[59] Lucas 17, 20-21. Novo Testamento. Sociedade Bíblica do Brasil.

Jesus fala que o Reino de Deus está dentro de nós. Não é uma coisa, um lugar, um templo, uma seita, mas a manifestação da consciência divina em cada pessoa. Afirma Huberto Rohden:

"O reino de Deus existe potencialmente em toda a criatura humana e o homem tem de se conscientizar e desenvolver este reino".[60]

Jesus, portanto, é o Mestre que nos ensina a mergulhar no fundo do mar interior para encontrar a pérola mais preciosa da nossa vida, a essência divina presente em todo fruto da Criação. O primeiro passo a ser dado para encontrar nossa pérola é nos tornarmos conscientes da nossa própria existência e de que ela faz parte da nossa constituição mais profunda. Ser filho de Deus é saber que o divino nos permeia desde o instante em que fomos criados!

O segundo passo é desenvolver em nós o reino divino, que existe, no momento, no plano da potencialidade, do vir a ser, de expansão da centelha divina. O reino em nós existe, por ora, em forma de semente, que precisa ser cultivada. Jesus é o Mestre que nos ensina a cuidar da semente, a adubar a terra, a podar as ervas daninhas, a saber esperar a semente dar frutos.

O reino de Deus não é o lugar aonde vamos depois que morremos. O reino de Deus é o estado interior da

---

[60] "Que vos parece do Cristo?", p. 103, Alvorada editora.

nossa alma, aqui e agora! Podemos, desde já, criar um céu dentro de nós ou um inferno, a depender das sementes que cultivamos. Tudo o que plantamos cresce.

Gosto sempre de lembrar a história do monge aprendiz, que indaga ao seu mestre o que era o céu e o que era o inferno. O mestre respondeu que o discípulo ainda não estava preparado para aprender sobre aqueles conceitos. O discípulo ficou muito contrariado com a resposta e, tomado pela ira, pegou uma espada e apontou para a cabeça do seu mestre, o qual, serenamente, disse ao discípulo que aquela sua atitude era o inferno. Envergonhado por seu gesto, o discípulo pede desculpas e guarda a espada, ao que o mestre afirma que aquilo era o céu.

Jesus é o Mestre do Caminho Interior, o Divino Jardineiro, que nos ensina a escolher e cultivar as sementes do céu. No Evangelho, ele fala que o amor, a fraternidade, a misericórdia, a humildade, a compaixão, o perdão abrem as portas para o céu interior. Já o egoísmo, o orgulho, o ódio, a vingança, a intolerância, a brutalidade nos levam às portas do inferno íntimo.

Acredito que você, tanto quanto ocorre a mim, perceba que ora criamos um céu, ora um inferno; ora criamos calmaria, ora tempestade. Jesus também sabe disso, até melhor do que nós! Mesmo assim, ele não nos critica, não nos julga, não se impacienta conosco. Mas ele almeja que nos tornemos cada vez mais conscientes das escadas que nos levam ao céu interior e das armadilhas que nos precipitam ao inferno íntimo, porque a autoconsciência nos dará a liberdade de agir na construção da nossa felicidade!

Por isso, Jesus disse algo fundamental:

"E conhecereis a verdade, e a verdade vos libertará"[61].

Seu desejo é de que busquemos o autoconhecimento que nos conduza à verdade de quem somos na essência, o "Eu divino", o "Cristo interior", momentaneamente adormecido pela hipnose do "eu inferior", predominantemente egoico e narcisista. O primeiro nos leva à autorrealização; o segundo, ao sofrimento. O autoconhecimento nos conduz ao autodescobrimento da luz divina que nos constitui, ao mesmo tempo em que nos mostra o que nos faz nos distanciarmos dela.

Conhecer essa verdade em nós, todos os dias, em cada situação de nossa vida cotidiana, nos dará a liberdade de escolher ficar cada vez mais pertinho do céu!

---

61 João 8, 32. Bíblia & Chave Bíblica, tradução de João Ferreira de Almeida, Sociedade Bíblica do Brasil.

15

Jesus no lar

> *A paz no mundo começa sob as telhas a que nos acolhemos. Se não aprendemos a viver em paz entre quatro paredes, como aguardar a harmonia das nações?*
>
> JESUS[62]

---

[62] Jesus no Lar, pelo Espírito Neio Lúcio, psicografia de Francisco Cândido Xavier, p. 16, FEB editora.

A construção de um mundo de paz começa em nossas casas. A vida em família nos permite enfrentar um dos maiores desafios da nossa existência, que é o desafio da convivência. Como conviver bem com pessoas que, no mais das vezes, são diferentes de nós, têm visões de mundo diversas e interesses distintos dos nossos? Dentro do lar, encontramos familiares afins, mas também familiares que não enxergam a vida com as nossas lentes.

Um olhar reencarnacionista é capaz de ampliar ainda mais nossa compreensão sobre a complexidade da experiência familiar. Segundo Hermínio Miranda:

[...] a família é o campo de provas, onde encontramos amigos e desafetos. Os primeiros nos trazem o gostoso refrigério de sua afeição, num relacionamento agradável e construtivo. É facílimo amá-los. Os outros, não. São pessoas difíceis, que inconscientemente guardam de nós rancores ainda não superados, ou mágoas que não conseguiram vencer. É muito mais difícil amá-los, convertendo sua atitude negativa por nós em um relacionamento afetivo, desarmado e genuíno. Mais uma vez, nos lembramos do Cristo, que tudo sabia, previa e aconselhava: "[...] Amai vossos inimigos", diz ele, em Lucas 6, 27, "fazei o bem àqueles que vos odeiam,

bendizei aos que vos maldizem, rogai pelos que vos maltratam".[63]

Saber gerenciar os conflitos naturais da convivência humana, sobretudo de uma convivência que se faz sob o mesmo teto, é um grande desafio existencial, se não o maior de todos. Digo isso porque, amiúde, a convivência confronta o nosso ego. A harmonia em família exige encolhimento do nosso egoísmo, para que haja espaço para o outro também existir, sonhar e ser considerado.

Conter os nossos impulsos egoicos, dominadores e exclusivistas não é tarefa tão simples, embora absolutamente indispensável para qualquer tipo de convivência, especialmente para uma convivência familiar satisfatória. Estou certo de que a vida em família é um tratamento espiritual para o nosso egoísmo, e, se soubermos aproveitar a experiência, sairemos pessoas melhores, e o mundo também ganhará com isso.

A ideia de que a paz no mundo começa dentro do lar fica muito evidente quando se constata a frequência com que levamos para fora os conflitos vividos no âmbito da família. Por onde quer que vamos, carregamos conosco o efeito das disputas, discussões, rejeições e agressões físicas ou verbais ocorridas na família, as quais alteram o nosso estado mental e emocional e até físico, muitas vezes, interferindo em nossa capacidade

---

63 Nossos filhos são espíritos, p. 78, Editora Lachâtre.

de trabalho, na forma como nos relacionamos com amigos e pessoas.

Aquele ponto de conflito no lar gera o chamado "efeito dominó", afetando prejudicialmente as nossas relações pessoais.

Para melhorar as nossas relações familiares, o primeiro ponto a trabalhar é não esperar por um lar perfeito, simplesmente pelo fato de que humanos não são perfeitos, embora possam se tornar pessoas melhores.

Uma convivência familiar minimamente saudável passa, necessariamente, pela redução das elevadas expectativas que, geralmente, temos em relação aos nossos familiares. Exigimos perfeição deles, esquecendo que nós também falhamos, como eles. Nesse aspecto, Jesus é um grande exemplo para nós, pois, embora sendo um Espírito da mais elevada hierarquia celestial, veio conviver conosco, aceitando as nossas imperfeições humanas.

Ajuda muito a assimilar essa ideia compreender que cada um dos componentes do grupo familiar é uma pessoa diferente de nós, tem seus potenciais e suas fraquezas, seus sonhos e suas frustrações e deve seguir os seus próprios caminhos pela vida. Nosso papel é estar ao lado deles, não contra eles, incentivando-os a crescerem e se realizarem, aconselhando-os ante os perigos da vida, elogiando-os em suas conquistas e auxiliando-os quando fracassarem.

A prática do perdão, tão insistida por Jesus, é outro ponto importante a considerar. A probabilidade de ferirmos um familiar é sempre alta, porque a convivência é mais constante e íntima. O perdão cicatriza as feridas abertas pelos espinhos das nossas grosserias, indelicadezas, rispidez e desrespeito em relação a quem partilha sua vida conosco.

Um conselho precioso de André Luiz para o bom funcionamento das engrenagens no lar é o seguinte:

"Use a gentileza, mas de modo especial, dentro da própria casa. Experimente atender aos familiares como você trata as visitas".[64]

Em casa, geralmente nos despimos daquele "verniz social", que nos torna mais polidos fora do lar, e, paradoxalmente, acabamos tratando melhor os distantes do que os próximos!

Trazer Jesus para o lar é a maior bênção que podemos ter em nossa família. Jesus no lar é a aceitação dos familiares, é a gentileza no trato, é o companheirismo nas lutas de cada dia, é a cooperação para que cada um realize seus sonhos, é a oração em casa, é perdoar e pedir perdão, é não se cansar de conversar, é fixar-se no

---

[64] O Espírito da Verdade, psicografia de Francisco Cândido Xavier e Waldo Vieira, p. 104, FEB editora.

lado melhor de cada um, é ter paciência diária diante das contrariedades, enfim, é encontrar a alegria de servir às pessoas que Deus colocou em nosso caminho, sabendo que elas precisam de nós tanto quanto nós também precisamos delas!

Façamos de Jesus um membro da nossa família!

16

Luz divina

❦

> [Jesus] É um filho de Deus como todos nós, com a diferença apenas do seu grau de evolução, que é muito mais do que podemos supor. Espírito que evoluiu em mundos anteriores à Terra, subindo no plano das constelações dos mundos superiores, voltou aos planos inferiores por um impulso de amor, para nos dar na Terra a possibilidade de avançarmos também, como ele, na direção das estrelas.
>
> J. HERCULANO PIRES[65]

---

[65] Revisão do Cristianismo, p. 54, Paideia.

Em nossa maneira de pensar, de acordo com os ensinamentos do Espiritismo, Jesus não é Deus, mas, sim, um filho de Deus, um enviado do Pai para conduzir o processo de espiritualização da Humanidade. Ele mesmo se declarou "enviado de Deus", conforme consta do Evangelho de João,[66] de modo que, embora ensinando e curando, agia em nome de Deus, a quem chamava de "Meu Pai", e não como o próprio Deus.

Disso resulta que Jesus é um filho de Deus como todos nós, criado como nós, sem qualquer distinção especial! Sua indiscutível evolução espiritual foi atingida por esforço próprio! Ele passou por todas as adversidades humanas e, ao longo de várias experiências (reencarnações) em outros mundos, atingiu a sua iluminação, isto é, superou o seu "eu inferior", o ego periférico, para atingir o seu "Eu superior", o "Eu central", identificando-se perfeitamente com a Consciência Divina.

Jesus tornou-se puro de coração, pois, ao longo de suas existências, desvestiu-se, por completo, do orgulho e do egoísmo.

E, exatamente por ter feito essa escalada, ele pode nos servir de guia, de inspiração, de caminho. Porque ele conheceu pessoalmente todas as dificuldades que hoje enfrentamos, tendo profunda empatia conosco.

---

66 João 5, 37.

Jesus entende as nossas lágrimas, porque ele também já chorou. Jesus compreende o nosso sofrimento, porque ele também já sofreu.

Jesus está ao nosso lado quando caímos, porque, em sua rota evolutiva, um dia, ele também caiu. Jesus sabe nos conduzir à plenitude do amor, da paz e da felicidade, porque ele percorreu todos os caminhos que levam à realização íntima.

Jesus compreende a nossa trajetória como espíritos em evolução, porque ele também fez a sua, através de encarnações sucessivas. Ele sabe muito bem que somos um projeto em construção, a qual se dá através de experiências de erro e de acerto.

Jesus não nos exige o impossível, não pede demonstrações de santidade imediata, mas nos convida, diariamente, a sermos pessoas melhores do que temos sido, reeducando-nos as tendências infelizes.

Ele sabe que, no momento, não podemos ser uma árvore frondosa, porque a nossa semente está começando a crescer, rompendo a terra e fazendo surgir as primeiras folhas.

Como jardineiro de Deus, Jesus trabalha pacientemente conosco, não cobra o que ainda não podemos ser (espíritos perfeitos), porém estimula a pequena flor a perfumar a vida dos que passam por ela. Ainda não podemos ser uma fonte de águas cristalinas, mas um copo d'água podemos oferecer a quem tem sede.

A vinda de Jesus à Terra é uma das mais belas páginas de amor já vividas no mundo, se não a maior de todas. Tendo já alcançado a condição de Espírito Sublime, antes mesmo da criação da Terra, foi incumbido por Deus de vir ao Planeta, a fim de fazer avançar o processo de espiritualização da Humanidade. Para tanto, esteve pessoalmente conosco, ensinou e exemplificou a sua mensagem de amor, perdão e fraternidade, colocando-se como amigo[67] e servo de todos.[68]

Sua missão, conforme facilmente se percebe, ainda não terminou. Passados mais de dois mil anos, o Evangelho ainda é um convite em aberto para a maioria de nós. Como afirmou Chico Xavier:

"Creio que a importância do Evangelho de Jesus em nossa evolução espiritual é semelhante à importância do Sol na sustentação de nossa vida física".[69]

Carecemos de nos banhar nos raios desse Sol, para que as nossas sombras não nos façam mais sofrer. Por isso, cantou Roberto Carlos:

---
67 João 15, 15.
68 Lucas 22, 27.
69 Lições de Chico Xavier de "A" a "Z", organização de Múcio Martins, p. 219, LEEPP editora.

Luz que me ilumina o caminho
e que me ajuda a seguir
Sol que brilha à noite
a qualquer hora
me fazendo sorrir.
Claridade
fonte de amor que me acalma e seduz
Essa luz só pode ser Jesus.[70]

Hoje, já se comenta que cientistas planejam, para não muito longe, excursões de passeio para a Lua. Jesus, no entanto, nos chama para as estrelas, estrelas que se acendem em nosso próprio coração! A viagem é longa, o Cristo é a bússola, a boa vontade é a nossa condução e o amor é o nosso destino!

Cristo veio das estrelas nos buscar! Sigamos com ele!

---

70 Canção "Luz Divina". Ouça em https://www.youtube.com/watch?v=jMyfpz-DEzRs

....
Jesus não nos exige o impossível, não pede
demonstrações de santidade imediata, mas
nos convida, diariamente, a sermos pessoas
melhores do que temos sido, reeducando-nos
as tendências infelizes.
....

17

O fim da morte

> *Na casa do meu Pai há muitas moradas;*
> *se não, eu vos teria dito, pois vou*
> *preparar-vos um lugar.*
>
> JESUS[71]

---

71 João 14, 2. Bíblia do Peregrino, tradução de Luís Alonso Schökel, Paulus editora.

Certa feita, Jesus avisou a seus discípulos que não ficaria com eles por muito tempo. Ele tinha em mente preparar seus seguidores para os dias vindouros, em que seria preso e crucificado. Dias muito difíceis. Porém, Cristo não trouxe apenas a triste notícia de sua morte: ele afirmou que iria para a casa do Pai, que lá havia muitas moradas e que ele prepararia um lugar para eles!

Fica claro, portanto, que Jesus fala de uma vida que continua depois da morte, a vida eterna, da qual a experiência física é apenas um capítulo. Morrer não é o fim; é apenas o término da jornada terrena, pois o espírito, sendo imortal, continua vivo em outro plano de existência!

Aliás, Jesus provou a existência da vida imortal, quando, depois de crucificado, apareceu tangível aos discípulos em corpo espiritual materializado. A ressurreição do Mestre é dos fenômenos mais significativos na compreensão da vida espiritual, pois tira da morte a ideia de que ela representa o fim de tudo, além de destruir as concepções materialistas da vida, que tanto mal causam à Humanidade. A vida segue além da morte, e o Homem levará consigo tudo o que plantou na existência física!

Não há dúvida, todavia, de que o momento da separação das pessoas que amamos é doloroso. A tristeza é perfeitamente natural e, até, desejável. Essa dor, contudo, vai sendo, aos poucos, diluída na compreensão de que o ser amado não morreu, apenas se mudou para uma das infinitas moradas existentes na casa do Pai, conforme afirmou Jesus.

Com a morte física, a alma se liberta do corpo e retorna ao plano espiritual, onde se encontrava antes de renascer no plano material. Morrer é voltar para casa, é voltar para o nosso lar verdadeiro. O mundo espiritual é vastíssimo. Como a vida continua além da morte, é compreensível que o plano espiritual seja organizado de modo a possibilitar ao espírito seguir adiante, no rumo da sua evolução, através de atividades que propiciem o seu desenvolvimento.

Por isso, na literatura mediúnica, obtemos notícias da existência de diversas cidades espirituais dotadas de casas, hospitais, escolas, templos de oração, ambientes de trabalho e lazer.[72] Para o Espiritismo, essas são as "muitas moradas na casa do Pai", referidas por Jesus e preparadas por ele.

Acho muito lindo quando Jesus acalma seus discípulos dizendo mais ou menos assim: "Olhem, eu vou na frente, vou partir, voltarei para o lar e, lá, prepararei um lugar para vocês ficarem comigo futuramente". Como é bom saber que, ao voltarmos para o mundo espiritual, Jesus cuidará de nós e de todos os nossos afetos!

---

[72] Sugerimos a leitura do livro "Nosso Lar", pelo Espírito André Luiz, psicografia de Francisco Cândido Xavier, FEB editora, que descreve uma das cidades espirituais chamada "Nosso Lar" (Nota do Autor).

Ele já preparou um lugar especial para nos receber. Ninguém será deixado ao desamparo! Seremos recebidos por Espíritos que nos amam e que retornaram antes de nós. Ninguém chegará lá sozinho! É claro que, às vezes, não chegamos tão bem do outro lado, aportamos com a alma carregada de mágoas, ódios e rancores, com muito apego ao mundo terreno e levando a consciência pesada, por não termos aproveitado a experiência de forma propícia.

Mesmo assim, Jesus nos receberá sem condenações, castigos e culpas. Basta o que já sofremos por dentro! Como médico de nossas almas, ele nos trará o remédio do seu amor, a proposta de aprendermos com nossos erros e de refazermos a estrada por meio do trabalho, até o dia de renascermos outra vez no mundo físico e, mais amadurecidos, recomeçarmos nosso caminho na direção da felicidade, sabendo que, tanto no céu como na Terra, Jesus sempre estará conosco!

18

Na travessia das provas

> *Se estás na fé cristã e esperas tão-somente: caminhos sem problemas, paz sem obrigações, dias de céu sempre azul, vantagens sem trabalho, conquistas sem amor, direitos sem deveres, apoio sem serviço e vida sem provações, lembra-te de Jesus.*
>
> EMMANUEL[73]

---

[73] Material de Construção, psicografia de Francisco Cândido Xavier, p. 11, Ideal editora.

Não raro, somos tentados a acreditar que, uma vez ligados à fé em Jesus, estaremos livres de problemas e desafios do viver.

Quantas vezes dirigimos as nossas preces ao Cristo, que tantos sofrimentos experimentou, solicitando que ele nos isente das provas que batem à nossa porta? Porque participamos da missa, do culto protestante, da reunião espírita ou de outra denominação cristã, achamo-nos no direito a uma existência sem dificuldades. Eu já me peguei ajoelhado, diante da imagem do Cristo crucificado, pedindo que ele tirasse a minha cruz!

É sempre bom relembrar que o Cristo não foi poupado de dores e sofrimentos. Foi incompreendido, perseguido, abandonado pela maioria dos seus discípulos e traído por um deles, injustamente condenado, com o apoio do povo que ele tanto amou e ajudou, e, finalmente, crucificado até a morte. Não deixa, pois, de ser um paradoxo de nossa parte pedir a Jesus um céu sempre azul, quando ele mesmo viveu muitos momentos sob as nuvens escuras do sofrimento e nos disse que, se quiséssemos segui-lo, deveríamos tomar a nossa cruz de cada dia.[74]

Mas por que razão Deus, sendo o Pai Amoroso, permite que o homem sofra? Só posso acreditar que Deus permite ao homem experimentar as provas da vida porque

---

74 Lucas 9, 23.

elas são necessárias à sua evolução. Necessárias porque, dificilmente, o homem progride por vontade própria, isto é, raramente toma o impulso do seu aperfeiçoamento moral e intelectual, somente o fazendo quando surgem as dificuldades que o impelem a se aprimorar.

Quero lhe contar uma história que ilustra bem esse entendimento:

"Em uma fábula que nos chega do Oriente, a filha de um comerciante parte numa viagem marítima, mas seu navio naufraga tragicamente. Salva por um pescador de uma terra distante, ela acaba aprendendo com ele a tecer cordas e redes, tornando-se mestra nesse ofício. Tempos depois, ela viaja para vender redes, e mais uma vez seu navio afunda. Resgatada de novo, ela vai parar numa comunidade de tecelões, onde aprendeu a fazer tecidos deslumbrantes.

"Mas a história se repete: ao viajar para vender tecidos, sua embarcação naufraga. O destino agora a coloca nas mãos de mercadores de escravos, que a vendem a um fabricante de mastros. Porém, esse homem devolve-lhe a liberdade e lhe ensina sua profissão, fazendo dela seu braço direito na empresa. Ela então sai em nova missão comercial – e novamente seu navio se destroça no mar!

"Só que, dessa vez, as correntes marítimas levam-na para uma praia na costa da China, onde, para sua surpresa, é recebida com um entusiasmo incomum. O motivo? Há tempos um oráculo havia previsto para esse povo que, certo dia, as ondas trariam até eles uma mulher capaz de construir tendas magníficas. E é o próprio Imperador que, chamado ao local, pergunta-lhe se ela teria mesmo tal habilidade.

"Ao que ela respondeu: 'Bem, eu nunca construí uma tenda, mas sei como fazer cordas, tecidos e mastros. Vou tentar'. E ela termina construindo as tendas mais maravilhosas jamais vistas, tornando-se uma das pessoas mais respeitadas do lugar".[75]

Quando analisamos a história como um todo, isto é, do começo ao fim, concluímos que os naufrágios ocorridos não foram uma trama do destino conspirando contra a felicidade daquela mulher. Em cada lugar para o qual a vida a levou, mesmo contra a sua vontade e a despeito do inegável desconforto sofrido, ela aprendeu muitas coisas, que se tornaram fundamentais para aproveitar, com êxito, a grande oportunidade que a vida, posteriormente, lhe apresentou.

Mas, para que isso acontecesse, foi indispensável que ela aceitasse cada naufrágio, sem reclamação, sem desânimo, confiando no fluxo da vida, sempre sábio, e aprendendo, em cada momento de aparente fracasso, as lições que a vida lhe estava dando, as quais seriam indispensá-

---

[75] Palavras de Poder, obra coletiva, organização de Lauro Henriques Jr, volume 3, p. 115, editora Alaúde.

veis ao sucesso que ela, finalmente, conseguiria atingir. Cada vez que sua embarcação afundava, ela era levada a novos aprendizados, e, assim, foi se aperfeiçoando, foi evoluindo, foi crescendo, foi se habilitando a desempenhar, com maestria, a grande tarefa que a aguardava.

No caso de Jesus, ele sofreu não porque precisava evoluir espiritualmente, mas para ensinar cada um de nós a se levantar quando caído, a aprender com os fracassos, a ser paciente nas adversidades, perseverante nos sonhos, humilde nas derrotas e grato nas vitórias.

Ele também nos faz ver que as lágrimas ensinam o caminho da felicidade, que as lutas despertam nossos potenciais adormecidos, que o perdão traz paz, que a fé remove a montanha das dificuldades, que a vida só tem sentido quando se ama, e que amar, em última análise, é servir, ajudar, estender a mão ao outro, para que ele seja feliz tanto quanto nós desejamos ser também.

Por onde passou, Jesus secou lágrimas, curou enfermos, levantou caídos, alimentou famintos, reconciliou culpados com a própria vida, despertou o potencial crístico de cada um, fez com que as pessoas se sentissem amadas, especiais, queridas, e sua mensagem vem transformando vidas vazias em vidas plenas de sentido e amorosidade, vem renovando a paisagem social da Terra, tornando-a, pouco a pouco, um lar acolhedor para todos os filhos de Deus.

E toda a prática de Jesus foi feita em meio adverso, tendo ele experimentado perseguições políticas e religiosas, ingratidão de pessoas que havia ajudado, tentações de toda ordem, dúvidas, abandono e traição dos seus próprios seguidores. Nada disso, entretanto, o fez desistir, tendo ele deixado para nós a mensagem viva da casa que é construída sobre a rocha e que suporta as chuvas, enchentes, ventanias e não vem a cair.[76]

A exemplo do Cristo, chuvas, enchentes e ventanias não farão a nossa casa desabar. Elas são a rocha da nossa vitória!

---

76 Mateus 7, 24.

19

A humanidade de Jesus

> *Então Jesus foi com eles a um lugar chamado Getsêmani e disse aos discípulos: "Sentai-vos aí enquanto vou até ali para orar". Levando Pedro e os dois filhos de Zebedeu, começou a entristecer-se e a angustiar-se. Disse-lhes, então: "Minha alma está triste até a morte. Permanecei aqui e vigiai comigo".*
>
> EVANGELHO DE JESUS SEGUNDO MATEUS[77]

---

77 Mateus 26, 36-38. Bíblia de Jerusalém, Paulus.

Esse foi um dos momentos mais dramáticos vividos por Jesus! A qualquer instante, Judas chegaria com os guardas para prendê-lo. Estava muito claro para o Cristo que, a partir da prisão, ele seria julgado, passaria pelas mais cruéis agressões físicas e morais e, por fim, condenado à morte na cruz. Esses momentos que antecederam o calvário, evidentemente, abalaram Jesus.

O evangelista Mateus registra alguns pontos que demonstram as sensações de Jesus naqueles instantes de muita apreensão: a) ele quer ficar mais próximo dos seus discípulos; b) tem necessidade de orar; c) pede a companhia mais direta de Pedro, Tiago e João, a quem solicita ajuda; d) revela aos seus amigos que está angustiado e que sente uma tristeza de morte.

Muitos se admiram, e até duvidam, dessa fragilidade de Jesus. Objetam que ele, sendo um espírito superior, de elevada escala, jamais sentiria medo ou tristeza, mesmo diante das terríveis provações que o espreitavam. Jesus foi divino, sem dúvida, mas não deixou de ser humano.[78]

Ademais, o texto evangélico é claro. Sabendo que a prisão se aproximava e ciente de toda dor e sofrimento que viriam com ela, Jesus não quis ficar só. Não se colocou como "super-homem", autossuficiente. Desejou a companhia de seus amigos. Pediu a Pedro, Tiago e João

---

78 Na Codificação Espírita, Jesus é chamado de "arquétipo humano", de "homem-deus", conforme O Livro dos Espíritos, questão n. 1.009, mensagem de Paulo, o Apóstolo (Nota do Autor).

que estivessem bem próximos dele, pois confessou que estava angustiado e que sentia "uma tristeza de morte".

Assim agindo, Jesus mostrou a sua face humana e, por ela, se aproxima muito de cada um de nós. Jesus soube ser "gente como a gente", pois ser humano é ser frágil, incompleto, precário. Sendo guia e modelo da humanidade, conforme o Espiritismo o entende,[79] Jesus não poderia deixar de ser também humano, pois somente assim criaria empatia conosco, nos entenderia e poderia nos guiar em nossos momentos de angústias e tristezas.

Quando atravessamos o nosso calvário, podemos nos identificar com Jesus, ao recordar que ele também sofreu, angustiou-se, entristeceu-se profundamente. Assim, Jesus sabe o que eu sinto quando a minha cruz está pesada, quando as nuvens das dificuldades escurecem o céu da minha vida.

Por isso, esse Jesus me cativa, pois sei que ele não está num céu distante, ignorando a minha dor e me julgando, como um "deus", pelas minhas fraquezas, mas está ao meu lado, sentindo os pregos das dificuldades que varam a minha alma, ajudando-me a curar a minha dor.

Reafirmamos que Jesus é divino, sem deixar de ser humano. Para o Espiritismo, ele é o arquétipo humano, o "homem-deus", não no sentido de uma figura híbrida, mitológica, mas de um espírito que alcançou a sua ele-

---

[79] O Livro dos Espíritos, Allan Kardec, questão n. 625.

vada superioridade espiritual, sem esquecer a poeira da estrada humana que ele mesmo percorreu e superou. Por isso, ele é o Mestre!

A face humana de Jesus não deixa qualquer traço de inferioridade na sua elevação espiritual. Ao contrário, quanto mais humanos formos, mais divinos seremos, ou, no dizer de José M. Castillo, teólogo espanhol: "só é possível alcançar a plenitude do 'divino' à medida que nos empenhamos para conseguir a plenitude do 'humano'. [...] Por isso não é incomum encontrar, nos ambientes religiosos, pessoas que são tão profundamente religiosas quanto profundamente desumanas".[80]

Desse modo, quando atravessarmos o deserto das provações, aprendamos com a humanidade de Jesus. Não queiramos passar sozinhos por esses momentos, seja a pretexto de nos considerarmos fortes o suficiente para segurar a barra sem auxílio de alguém, seja por vergonha de mostrar que somos frágeis e que precisamos de ajuda.

Jesus, que não teve a presunção de ser onipotente, invulnerável, pediu auxílio aos seus amigos e orou a Deus, suplicando amparo. Quando carregava a sua cruz, Jesus aceitou também o auxílio de Simão Cireneu.[81] Façamos o mesmo, sem esquecer, porém, que, além das pessoas

---

80 A humanidade de Jesus, versão *e-book*, editora Vozes.
81 Mateus 27, 32.

que podem nos socorrer, Jesus é sempre o amigo certo das horas incertas.

Agora mesmo, seu Espírito nos vê, compadece-se do nosso sofrimento e espera o chamado para ficar ao nosso lado.

E ele virá!

. . . .
Jesus foi divino, sem dúvida,
mas não deixou de ser humano.

. . . .

20
Força e refúgio

> *Na prece está a nossa força e no serviço do Bem o nosso refúgio! Confiemos nosso pensamento à oração e nossos braços ao trabalho com Cristo Jesus. E Jesus solucionará os nossos problemas com a bênção do tempo.*
>
> BEZERRA DE MENEZES[82]

---

82 Apelos Cristãos, psicografia de Francisco Cândido Xavier, p. 27, União Espírita Mineira.

A oração e o trabalho no bem são recursos indispensáveis ao nosso equilíbrio íntimo. Por intermédio deles, mergulhamos no campo espiritual do Cristo, absorvendo elementos que nos asseguram forças nas batalhas, paz nas turbulências, confiança diante das incertezas, luz diante das sombras.

A prece e o trabalho no bem são autênticas armaduras, que nos resguardam das ciladas do mal, do mal que vem de fora e daquele outro, tão ou mais perigoso, que é o mal que ainda existe dentro de nós!

Allan Kardec explicou os grandes benefícios que a prece proporciona:

"Pela prece, o homem atrai o concurso dos bons Espíritos, que o vêm sustentar nas suas boas resoluções e inspirar-lhe bons pensamentos. Ele adquire assim a força moral necessária para vencer as dificuldades e voltar ao caminho reto, quando dele se afastou; e assim também pode desviar de si os males que atrairia pelas suas próprias faltas".[83]

A oração, segundo Emmanuel, é um consolo para os nossos momentos de dor e uma bússola para os instantes de perturbação![84]

---

83 O Evangelho Segundo o Espiritismo, Cap. 27, item 11, tradução de J. Herculano Pires, FEESP.
84 À Luz da Oração, psicografia de Francisco Cândido Xavier, p. 9, O Clarim editora.

Além do mais, o ato de se ligar a Deus pela oração implica o reconhecimento da própria impotência e vulnerabilidade diante dos muitos desafios da vida e da existência de um Poder Superior, que tudo governa, tudo vê e tudo pode! Oração, em essência, é um ato de humildade, uma atitude de rendição a Deus, quando nossas forças minguam, nossos sonhos desmoronam e as portas do mundo se fecham.

Bem observou Emmanuel:

"O sofrimento é sempre um convite da vida a fim de aceitarmos uma entrevista com Deus".[85]

Quando, na oração, admitimos nossa quase total fraqueza e falência diante dos revezes e, humildemente, aceitamos que Deus tem planos mais sábios para nós, Ele renova as nossas forças, ressuscita os nossos sonhos e abre novas portas. Deus ocupa o nosso vazio e nos preenche de vida!

Mas o homem que vive cheio de si, que se acha autossuficiente, raramente ora, raramente dobra seus joelhos, dificilmente admite que existe um poder superior a ele e, quando as portas do mundo se fecham diante de si, atravessa seus desertos de provas em extrema solidão, sentindo a dor do desamparo, passando fome

---

[85] Material de Construção, psicografia de Francisco Cândido Xavier, p. 63, Ideal editora.

diante do banquete que Deus sempre lhe ofereceu, mas do qual nunca quis provar.

Jesus foi um homem de oração! Constantemente, ele se recolhia para dialogar com Deus, haurindo forças para o desempenho de sua missão junto à Humanidade, como, por exemplo, quando esteve no deserto,[86] quando fez a multiplicação de pães e peixes,[87] quando estava prestes a ser preso[88] e em tantas outras situações descritas nos Evangelhos.

Eu sempre me pergunto: se Jesus, sendo, indiscutivelmente, um Espírito Sublime, dedicava-se ao hábito da prece, que dirá de nós, seres ainda frágeis, verdadeiras crianças espirituais, o quanto não precisamos fazer da oração um recurso constante? Por isso, o conselho do Apóstolo Paulo para que orássemos sem cessar.[89]

Ao lado da prece, temos também o apoio resultante do trabalho no bem, que, segundo a Espiritualidade, é o nosso refúgio, isto é, a nossa proteção, o nosso abrigo nas tempestades. A caridade é o amor em ação, de modo que, quando entregamos nossos braços a Jesus no trabalho do bem, nos aproximamos espiritualmente do Divino, do Sagrado que habita em nós.

---

86 Lucas 5, 16.
87 João 6, 11.
88 Mateus 26, 39.
89 1 Tessalonicenses 5, 17.

Esse movimento faz surgir uma energia luminosa ao nosso redor, afastando, portanto, a escuridão que, um dia, se fez em nós, por impulsos contrários ao bem. A prática da caridade, simples, desinteressada e constante, vai fazendo nossa alma se expandir, trazendo-nos sensações íntimas muito gratificantes, como se estivéssemos experimentando na Terra um pedacinho do Céu!

Há milênios, temos vivido egoisticamente, centrados apenas em nossos interesses pessoais, ignorando comezinhos princípios de fraternidade. É um modo de viver disfuncional, que não nos faz bem, porque, na essência, Deus nos fez por amor e para amar, e isso implica a necessidade de criar e manter vínculos de afeto e solidariedade uns com os outros. É uma necessidade emocional básica e, diria, uma necessidade também fisiológica!

Daí por que o trabalho no bem vai modificando as nossas disposições íntimas, criando conexões amorosas que acionam nossa configuração divina, transformando-nos para melhor, de dentro para fora. Em contato com a dor alheia, vamos reclamando menos das nossas dores e até agradecendo as vantagens com que a vida nos contemplou. Isso faz toda a diferença no enfrentamento das nossas dificuldades.

Enfim, orar e trabalhar! Eis a força e o refúgio à nossa espera, agora mesmo!

....

A prece e o trabalho no bem são autênticas armaduras, que nos resguardam das ciladas do mal, do mal que vem de fora e daquele outro, tão ou mais perigoso, que é o mal que ainda existe dentro de nós!

....

21

A amizade de Jesus

---ೲ⚜ೲ---

> *Já não vos chamo servos, porque o servo não sabe o que faz o seu senhor; mas tenho-vos chamado amigos, porque tudo quanto ouvi de meu Pai vos tenho dado a conhecer.*
>
> JESUS[90]

---

[90] João 15, 15. Bíblia Sagrada. Almeida Revista e Atualizada, Sociedade Bíblica do Brasil.

Quando Jesus afirma que é nosso amigo, ele está sinalizando que deseja ter conosco um relacionamento baseado naquilo que caracteriza a amizade: proximidade, intimidade, aceitação, fidelidade, compreensão e afeto.

Jesus não quer nos converter a uma religião; ele quer ser nosso amigo. A relação que ele deseja ter conosco não é vertical, ele no Céu e nós aqui embaixo. A relação pretendida é horizontal e próxima, ele caminhando ao nosso lado, sorrindo e chorando conosco, comemorando as nossas vitórias e nos levantando nas nossas derrotas.

Gosto de pensar em Jesus como um irmão mais velho, mais experiente e sábio, que conhece as estradas da felicidade e nos aponta a direção delas, assim como conhece os atalhos perigosos das ilusões, e alerta para nos desviarmos delas.

Mesmo quando não ouvimos os conselhos do irmão Jesus e nos perdemos nos enganos da vida, ele não desiste de nós; ele sabe que seus amigos ainda são frágeis e imaturos. Ele vai à nossa procura, até nos encontrar, mesmo que estejamos caídos no mais profundo abismo, e, lá, nos oferece seu ombro amigo e nos convida a retornar ao caminho da harmonia, aprendendo as lições da derrota. Ele junta todos os caquinhos que sobraram de nós e une tudo com seu amor, que nos restaura integralmente!

Jesus é o amigo paciente, que nunca vira as costas para nós. Ele jamais nos perde de vista! Seu olhar nos acompanha aonde formos. Mas ele aguarda que, de nossa parte, também o procuremos, que não o esqueçamos, que não nos afastemos dele, que não congelemos essa amizade com a nossa indiferença, vivendo alheios a tudo aquilo que ele nos ensinou.

Observa-se no Evangelho que era hábito de Jesus chamar as pessoas para estarem com ele, para irem até ele, para orarem com ele, para aprenderem com ele. Por onde andava, Jesus estava acompanhado de seus discípulos e de muitas outras pessoas, encantadas com o amor que vertia de suas palavras e gestos.

Ele não veio edificar um mundo novo sozinho; ele quer fazer isso junto com seus amigos, e você é um deles! Ele não procura amigos perfeitos, pessoas santas, mas gente disposta a trabalhar para diminuir o seu ego, a criar paz em suas relações, a estender a mão a quem sofre, a repartir o pão, a não ferir o semelhante, a perdoar as falhas de todo ser humano, a ver o sagrado em tudo e em todos.

É uma caminhada longa, para a qual não estaremos totalmente prontos no início. Ninguém está. Nem os discípulos diretos de Jesus estavam. A preparação vem com o tempo, com o esforço diário, com a vontade de seguir as pegadas do Mestre, mesmo que o aluno tenha que repetir a lição várias vezes. Quando Jesus convidava as pessoas a seguirem-no, ele não pedia o "currículo de santidade", não tinha "lista de exigências". Ele simplesmente dizia: "Segue-me".[91]

Mesmo quando recusamos o convite e nos afastamos dos propósitos do Cristo, ele não deixa de nos amar, de ser nosso amigo. Por isso, respeitando o nosso livre arbítrio, ele espera, pacientemente, pelo nosso despertar espiritual, o qual, muitas vezes, surge em nossos momentos de provas e dores, momentos em que o mundo nada mais pode nos dar, nada mais pode nos acrescentar, em que nenhum dinheiro, *status* social ou poder é capaz de nos oferecer uma gota d'água no deserto das nossas provações.

Nessas horas, compreenderemos melhor o convite do Cristo, pois ele tem o pão que sacia a nossa fome espiritual e a água que mata a nossa sede de paz e felicidade!

Jesus continua peregrinando pelo mundo à procura de amigos! Sinto que ele nos (re)encontrou. Seu olhar nos sonda, sua voz nos chama:

"Segue-me".

---

91 Mateus 9, 9. Bíblia Sagrada. Almeida Revista e Atualizada, Sociedade Bíblica do Brasil.

22
Onde encontrar Jesus?

> *Tenho sede.*
>
> JESUS[92]

---

92 João 19, 28. Bíblia de Jerusalém, Paulus.

Jesus agoniava na cruz, quando ainda teve forças para suplicar:

"Tenho sede".

Comove-me pensar nessa cena tão humana quanto cruel, porque, além dos horrores da crucificação, tendo Jesus implorado por água, os guardas colocaram em sua boca um pano embebido com vinagre. Humana, porque vemos um Jesus de carne e osso, um Jesus que, a despeito de sua condição divina, é humano o bastante para reconhecer que estava com sede, que precisava de água, igual a toda pessoa, sobretudo quando atravessa intenso sofrimento físico.

Quanto mais reconheço a humanidade do Cristo, mais divino ele se torna para mim! No dia em que eu estiver com sede, seja a sede física, seja a sede emocional ou espiritual, no dia em que me sentir "crucificado" pelas provações e sem forças, vou me lembrar de Jesus e saber que ele passou pelas mesmas dores, e ainda maiores, até, de modo que ele sabe o que estou sentindo e, por isso, pode colocar água fresca nos meus lábios e embalar minha alma com os mais doces cânticos de fé e esperança!

Ser frágil e imperfeito não me antepõe a Jesus; ao contrário, isso faz com que ele se aproxime ainda mais da minha condição humana, precária, incompleta e dorida, e coloque remédio em minhas feridas. Jesus se alegra com os que já encontraram o caminho da evolução, mas se move de íntima compaixão pelos errantes, perdidos e caídos nas estradas da vida.

Na parábola do Filho Pródigo, Jesus afirma que o pai festejou a volta do filho equivocado e justifica a grande alegria paterna, porque o filho "estava morto e tornou a viver, ele estava perdido e foi reencontrado!"[93] Jesus tem grande alegria em resgatar os perdidos, desorientados, sedentos, famintos, crucificados!

Mas como encontrar esse Jesus capaz de nos socorrer quando estivermos atravessando o deserto das nossas provações? Eu deduzo que o encontraremos quando saciarmos a sede material e espiritual dos que sofrem, porque, fazendo a eles, estaremos fazendo ao próprio Cristo. Ele mesmo nos deu a senha para encontrá-lo: "Eu afirmo a vocês que isto é verdade: quando vocês fizerem isso[94] aos mais humildes dos meus irmãos, foi a mim que fizeram".[95]

Durante algum tempo, Madre Teresa de Calcutá, sempre que se ajoelhava diante da cruz, via a inscrição das palavras de Jesus: "Tenho sede". E ela se questionava o que estava fazendo para saciar a sede do Cristo que se escondia nos sofredores do mundo.

---

93 Lucas 15, 32. Bíblia de Jerusalém, Paulus.
94 Fizerem o quê? Em essência, a caridade (Nota do Autor).
95 Mateus 25, 40. Novo Testamento, Sociedade Bíblica do Brasil.

Até então, ela era uma religiosa que lecionava Geografia e História para meninas de famílias ricas da Índia. E concluiu que era muito pouco o que fazia. Era preciso mais. Por isso, fundou uma nova ordem religiosa, com o objetivo de saciar a infinita sede de Jesus Cristo, ainda presente nos que tombaram ante as provas da vida.

E, assim, ela escreveu uma das mais belas páginas do amor cristão na face da Terra, tendo saciado a sede de Jesus nas milhares de crianças famintas, doentes e órfãs que assistiu. Matou a sede de Jesus nos irmãos hansenianos, cujas feridas lavou, cujas vidas resgatou nas latas de lixo de Calcutá, onde os moribundos eram jogados.

Madre Teresa entendeu e viveu um dos maiores desafios da fé cristã: encontrou Jesus nos pequenos e frágeis do mundo, assim como ele se fez pequeno e frágil diante dos homens. Acredito que Jesus fez questão de deixar sua imagem associada aos sofredores, aos pobres mais pobres entre os pobres, aos pequenos, aos invisíveis sociais, para que não o buscássemos nas alturas, mas na palha da sua manjedoura e no convívio com os rejeitados do mundo. Jesus nos ensina o caminho da empatia com a dor do próximo, assim como ele tem com a nossa dor!

Por isso, Madre Teresa escreveu:

"No fim da vida não seremos julgados pelos diplomas que recebemos, pelo dinheiro que acumulamos, pelas grandes façanhas que tenhamos empreendido. Seremos julgados por isto: 'Eu estava faminto e me deste de comer. Estava nu e me vestiste. Estava ao relento e me acolheste'. Fome não apenas de pão – mas também de amor. Nudez que carece não apenas de roupas – mas também de dignidade e respeito humano. Desamparo que precisa não apenas de uma casa de tijolos – mas também de hospitalidade".[96]

Agora mesmo, em algum lugar próximo a nós, alguém exclama: "Tenho sede". Vamos ao encontro dessa alma e ofereçamos o nosso copo d'água. E, ao fazermos isso, encontraremos Jesus saciando a nossa própria sede!

---

96 O pequeno livro de Madre Teresa, Sangeet Duchane, p. 97, Pensamento.

....

Ser frágil e imperfeito não me antepõe a
Jesus; ao contrário, isso faz com que ele
se aproxime ainda mais da minha condição
humana, precária, incompleta e dorida, e
coloque remédio em minhas feridas.

....

23

O caminho do perdão

~ · ❦ · ~

> *E perdoa as nossas dívidas*
> *como também nós perdoamos*
> *aos nossos devedores.*
>
> JESUS[97]

---

97 Mateus 6, 12. Bíblia de Jerusalém.

É bem verdade que mil espinhos nos ferem durante a nossa caminhada na Terra. Somos, muitas vezes, incompreendidos por aqueles de quem mais esperamos compreensão. Amigos desaparecem nas horas em que mais precisamos de apoio.

Acusações nos são injustamente lançadas por pessoas que sequer nos conhecem as lutas e dificuldades íntimas. A ingratidão nos é atirada na face por parte de quem nossas mãos um dia socorreram.

Essas situações costumam nos levar a sentimentos de mágoa, ódio e desilusões, e podem trazer densas sombras de revolta e desencanto ao nosso mundo íntimo, se não forem dissolvidas a tempo. Quando esse quadro se instalar em nós, é sinal de que soou o alarme de incêndio em nossa vida, chamando-nos urgentemente a utilizar o extintor do perdão.

É provável que nosso ego ferido resista a perdoar, chamando-nos ao revide e ao não esquecimento da ofensa. Se lhe atendermos ao chamado, é provável que experimentemos alguns poucos segundos de satisfação egoica, mas em prejuízo da paz duradoura que o perdão nos proporcionaria.

Perdoar não é consentir com o mal que nos fizeram, tampouco continuar se submetendo a situações de abuso físico ou emocional. Mas é se ver livre do peso de viver ressentido, que tanto mal nos faz. O perdão é um presente que se dá a si mesmo, é desatar o nó que sufoca nossa alma, é nos tirar do cárcere de um passado doloroso, devolvendo-nos à liberdade do presente.

No campo da saúde, estudos médicos já comprovaram que a mágoa, o ódio e a raiva estressam o nosso corpo, predispondo-o a diversas doenças. O Dr. Carlos Eduardo Accioly Durgante, médico e professor de Medicina, afirma:

"[...] o cultivo de emoções ou sentimentos negativos, como raiva, rancor, hostilidade, pessimismo, negativismo, baixa tolerância a frustrações está ligado à gênese de muitas doenças orgânicas, funcionais e mentais".[98]

Portanto, o perdão garante a nossa paz e preserva a nossa saúde física e mental. Muitas pessoas pedem a Jesus a cura de suas enfermidades; no entanto, permanecem rancorosas, alimentam ideias de vingança, cultivam mágoas sobre fatos ocorridos há muito tempo, num comportamento incompatível com a cura que desejam. Curar é limpar a alma, e o perdão é um grande dissolvente das impurezas que acumulamos em nosso coração.

Para a maioria de nós, perdoar ainda é muito difícil, e isso, provavelmente, se explica pelo fato de que ainda temos um ego hipertrofiado, o qual nos atribui uma importância excessiva, que não admite ser desconsiderada

---

99 Conectando Ciência, Saúde e Espiritualidade, obra coletiva, p. 111, Associação Médico-Espírita do Rio Grande do Sul, FERGS editora.

pelo outro. O reconhecimento da nossa humanidade falível e da nossa pequenez perante o Universo nos leva a um estado de humildade, que desinfla o ego e nos abre as portas ao perdão.

Essa percepção eu extraio da oração do Pai-Nosso, na qual Jesus nos orienta a pedir a Deus o perdão das nossas dívidas, assim como perdoamos aos nossos devedores. Raramente, porém, lembramos das "nossas dívidas", isto é, das nossas falhas, enganos, quedas e fraquezas, que redundaram em prejuízos aos outros. Temos uma memória infalível para os erros alheios e uma quase "amnésia" para os nossos...

Jesus nos induz a pensar diariamente em nossa falibilidade, não para nos constranger, mas para nos tornarmos mais humanos, humildes e, consequentemente, inclinados ao perdão – o mesmo perdão que precisamos dos outros, quase que todos os dias.

É claro que ninguém tem autorização prévia para machucar o outro. Porém, sendo, por vezes, impossível que isso não aconteça nas relações humanas, o perdão surge como um remédio, para que as feridas abertas não se alastrem e não causem mais prejuízos a quem foi machucado. O perdão cura e cicatriza; o ressentimento alarga e contamina.

E, se ainda tivermos alguma dificuldade em perdoar, pensemos no Cristo, de braços abertos na cruz, perdoando a todos os que o agrediram, zombaram dele, prenderam-no e crucificaram-no! Meimei recomenda:

"Busca no silêncio a inspiração do Senhor, e o Mestre, como se estivesse descendo da cruz em que pediu perdão para os próprios verdugos, te dirá compassivo:

— Perdoa, sim! Perdoa sempre, porque, em verdade, aqueles que não perdoam também não sabem o que fazem..."[99]

---

99 O Espírito da Verdade, Espíritos diversos, psicografia de Francisco Cândido Xavier e Waldo Vieira, p. 133, FEB editora.

· · · · · · ·
O perdão é um presente que se dá
a si mesmo, é desatar o nó que sufoca nossa
alma, é nos tirar do cárcere de um passado
doloroso, devolvendo-nos à liberdade
do presente.
· · · · · · ·

24
Abrir as portas do coração

> *Não te esqueças de que Jesus jamais se desespera conosco e, como que oculto ao nosso lado, paciente e bondoso, repete de hora a hora: "Ama e auxilia sempre. Ajuda os outros, amparando a ti mesmo, porque, se o dia volta amanhã, eu estou contigo, esperando pela doce alegria da porta aberta do teu coração."*
>
> EMMANUEL[100]

---

100 Dia a Dia com Chico e Emmanuel, psicografia de Francisco Cândido Xavier, p. 136, GEEM editora.

Desejo refletir com você sobre alguns ângulos de atuação do Mestre de Nazaré junto aos seus amigos/aprendizes. A mensagem que transcrevi na abertura deste capítulo nos dá boas pistas sobre quem é o nosso *Rabi*,[101] sua pedagogia e sua relação conosco.

O primeiro ponto a se destacar na mensagem é que "Jesus jamais se desespera conosco". Isso quer dizer que Jesus jamais perde a esperança em nós. Por mais tenhamos nos desviado do caminho espiritual, por mais erros tenhamos cometido, Jesus sabe que, na condição de filhos de Deus, a nossa essência é divina e que, cedo ou tarde, voltaremos a endireitar nossos passos e a encontrar a luz interior.

Daí por que a mensagem registra que Jesus é paciente conosco! Há mais de dois mil anos ele nos aguarda, nos acompanha a marcha, nunca desistindo de nós, mesmo quando tomamos o caminho oposto ao seu Evangelho. Ele sabe que a nossa evolução não é feita em linha reta, ou seja, construída tão somente de acertos. Os erros também fazem parte do nosso aprendizado e são eles que, na maioria das vezes, se tornam grandes professores da nossa evolução.

A paciência do Cristo decorre da perfeita compreensão de que, segundo Emmanuel:

---

[101] Mestre (Nota do Autor).

"Os santos e os heróis ainda não residem na Terra. Somos espíritos humanos, mistos de luz e sombra, amor e egoísmo, inteligência e ignorância".[102]

Por isso, Jesus não espera, hoje, a nossa perfeição, e, sim, a capacidade de reconhecermos a nossa humanidade e o esforço de colocar a nossa vida no caminho do aprimoramento íntimo. Isso não é trabalho de um dia, de um ano ou de uma existência. É de um pequeno passo por dia, mas por toda a nossa vida imortal.

O mundo não está dividido entre "santos" e "pecadores", mas entre aqueles que não enxergam a própria escuridão e aqueles que, já conscientes das suas sombras, se esforçam por caminhar na direção da luz. Ainda não são iluminados, porém estão a caminho da luz, abrindo as portas do coração.

Nas ocasiões em que perdemos o rumo da nossa evolução espiritual e deixamos de dar os pequeninos passos diários, ficando presos no labirinto das próprias sombras, Jesus continua conosco, nos chama carinhosamente pelo nome, reaviva em nossa consciência a mensagem do "vigiai e orai, para que não entreis em tentação",[103] sobretudo a tentação do egoísmo e do materialismo.

---

102 Taça de Luz, Espíritos diversos, psicografia de Francisco Cândido Xavier, p. 38, FEESP.
103 Mateus 26, 41. Bíblia de Jerusalém, Paulus.

Porém, se não lhe damos ouvidos, ele permanece silencioso, mas não indiferente, tal qual o professor que observa atentamente o aluno no momento da prova, à espera de que o resultado insatisfatório da avaliação faça com que este reflita sobre seus passos e volte ao caminho do seu Mestre.

Muitas vezes, Jesus pode nos parecer oculto porque não o vemos com os olhos físicos ou porque ele não atende aos nossos pedidos. Na verdade, contudo, Jesus nunca está ausente, pois o amigo não abandona o outro na hora da necessidade! Jesus, como irmão mais sábio do que nós, conhece exatamente aquilo de que precisamos, o que nem sempre corresponde ao que pedimos.

Lembro-me da história de um homem que atravessava o deserto e sentia muita sede. Em determinado ponto, viu que alguém estava vendendo alguma coisa que não soube identificar no momento. Ansioso para ser água, ele se aproxima e, decepcionado, vê que ali se vendiam gravatas.

— Para que eu quero gravatas no deserto? — ele questionou.

Continuou a caminhar e, horas mais tarde, chegou à cidade e encontrou, enfim, um único estabelecimento onde se vendia água. Todavia, para sua decepção, somente podiam entrar no local homens vestindo gravatas...

Às vezes, pode nos parecer que as mensagens do Evangelho são como "gravatas vendidas no deserto"; a gente acredita que nunca precisará, mas uma hora vamos nos convencer de que elas são indispensáveis à nossa sede de paz, amor e felicidade!

Há mais de dois mil anos, Jesus continua pregando no deserto da nossa vida, falando-nos de hora a hora:

"Ama e auxilia sempre. Ajuda os outros, amparando a ti mesmo, porque, se o dia volta amanhã, eu estou contigo, esperando pela doce alegria da porta aberta do teu coração".

┈┈┈┈
Os erros também fazem parte do nosso aprendizado e são eles que, na maioria das vezes, se tornam grandes professores da nossa evolução.
┈┈┈┈

25

Os caminheiros

> *Todo tipo de problema parte da ignorância. Jesus veio à Terra trazer a sabedoria porque a criatura, conhecendo a realidade e passando a viver o Evangelho, faz com que o equilíbrio vá surgindo em todo o seu sistema de vida, e a vida universal abre as portas, para que conheça mais, a fim de curar a si mesmo, curando os outros, dando exemplos de amor, para a paz da consciência.*
>
> MIRAMEZ[104]

---

104 Cura-te a ti mesmo, psicografia de João Nunes Maia, p. 42, Fonte Viva editora.

Na minha percepção, um dos ensinamentos mais profundos de Jesus é este:

"E conhecereis a verdade, e a verdade vos libertará".[105]

Com tais palavras, somos levados a concluir que nossos problemas decorrem da nossa ignorância (desconhecimento da verdade). De uma forma geral, há mais ignorância do que maldade no coração dos homens.

A ignorância resulta do desconhecimento da verdade de quem somos, da missão que viemos realizar neste mundo, de como podemos nos relacionar bem com as pessoas, de como encarar positivamente os problemas da vida e, por fim, para onde iremos quando deixarmos o plano terreno. À medida que essas questões se tornarem claras para nós e, a partir delas, deixarmos pegadas luminosas da nossa presença no mundo, passaremos a nos libertar dos espinhos que nos fazem sofrer.

O conhecimento da verdade não se dá apenas pelo simples acesso à revelação espiritual, mas, também e principalmente, pela assimilação dela em nossa vida diária. O Apóstolo Tiago afirmou que precisamos ser praticantes da palavra, e não somente ouvintes.[106]

Uma coisa é ter ciência, informação de algo; outra é ter consciência, que é a mudança do nosso olhar e da

---

105 João 8, 32. Bíblia Sagrada, Almeida Revista e Atualizada, Sociedade Bíblica do Brasil.
106 Tiago 1, 22.

nossa postura a partir daquela informação. Jesus vem trabalhando conosco a formação da nossa consciência divina, o despertar do "Eu superior", do "Cristo interno", aquele cuja vontade é fazer a vontade do Pai que habita o coração de todos nós.

Entretanto, até o momento, grande parte da Humanidade ainda se comporta como o "filho rebelde", que vive de maneira egoísta, orgulhosa e prepotente, desrespeitando, assim, a Lei Divina, que conclama os homens a se amarem, a se respeitarem, a serem justos uns com os outros, a viverem como irmãos pertencentes à mesma família universal. E, porque insistimos em viver longe da vontade do Pai, ferimos o próximo, ferindo a nós mesmos.

Portanto, a nossa doença básica, causa de todos os nossos infortúnios, é a não aceitação do Plano Divino para a nossa vida, é o ato de viver insubmisso à vontade boa, justa e amorosa que Deus tem para com os seus filhos. Quando assim agimos, damos causa a um rompimento da conexão entre criatura e Criador, não pelo desejo do Pai, mas pelo orgulho de acharmos que tudo somos sem Deus, tudo podemos sem Deus e, o pior, tudo podemos, até contra a Lei de Deus!

Quando isso acontece, isto é, quando damos causa à quebra da nossa conexão com o Criador, seja por rebeldia ou por indiferença, o sofrimento naturalmente se instala em nossa vida, não porque Deus está nos castigando, mas porque, fazendo uma comparação, o peixe não consegue sobreviver fora da água, assim como ninguém consegue ser verdadeiramente feliz fora do Reino que Deus preparou a para todos os seus filhos.

A missão de Jesus é nos conduzir para esse Reino, nos ensinando o caminho que devemos trilhar com nossas próprias pernas. Como temos dito, Jesus não pode ser visto apenas como o Salvador, mas como o Guia que nos aponta o roteiro da salvação que cada um deve construir por si mesmo. Por isso ele é o Mestre do Caminho, chamando-nos a ser os caminheiros!

Não basta aceitar o Cristo; é preciso seguir seus passos, que outros não são senão o de fazer a vontade de Deus. E, à medida que a nossa consciência se amplia para viver o que Deus espera de cada um de nós, naturalmente, o equilíbrio vai retornando à nossa vida, porque a conexão com o Divino está sendo restabelecida.

Como explica Jean-Yves Leloup:

"De fato, se colocarmos em prática as palavras de Jesus, a vida vai mudar... Não julgar, não ficar se preocupando com o amanhã, tornar-se pobre voluntariamente, ser doce e humilde, misericordioso, ser artesão da paz... São tantas as informações evangélicas que, se nós as deixássemos penetrar no homem, elas fariam uma nova humanidade, uma humanidade em vias de divinização".[107]

---

107 A Sabedoria que cura, p. 69, Editora Vozes.

Não podemos ser pedra úmida por fora e seca por dentro. É preciso deixar a água do Evangelho penetrar o nosso coração. Isso começa quando deixamos de querer ser o centro do mundo, para assumirmos a condição de trabalhadores do Pai. Essa é a verdade que nos cura e liberta!

....

Jesus vem trabalhando conosco a formação da nossa consciência divina, o despertar do "Eu superior", do "Cristo interno", aquele cuja vontade é fazer a vontade do Pai que habita o coração de todos nós.

....

26

Olhos bons

~~~~~~~~~❦~~~~~~~~~

> *A lâmpada do corpo é o olho. Portanto, se teu olho estiver são, todo teu corpo ficará iluminado; mas se teu olho estiver doente, todo o teu corpo ficará escuro.*
>
> JESUS[108]

---

[108] Mateus 6, 22-23. Bíblia de Jerusalém, Paulus.

Nessa passagem do Evangelho, Jesus traz orientação preciosa para nossa reflexão e prática:

"Se teu olho estiver são... se teu olho estiver doente...".

Não fala Jesus, propriamente, do olho enquanto órgão do corpo físico; fala, essencialmente, sobre a maneira de olhar, que pode ser saudável ou adoecida, boa ou má. Algumas traduções desses versículos do Novo Testamento chegam a mencionar expressamente as expressões "olhos bons e olhos maus".[109]

O bom olhar é aquele que procura dar ênfase aos aspectos positivos das pessoas e das situações, é o olhar de esperança, de fé e otimismo, é o olhar que destaca o que a pessoa ou a situação têm de melhor em meio a outros pontos menos agradáveis. O bom olhar, quando vê a rosa, fixa a sua atenção na beleza do botão, embora saiba que a rosa tem espinhos.

Os olhos bons, diante de uma porta que se fechou, sabem que outra melhor se abrirá, pois derrotas nunca são o ponto final da nossa vida, apenas vírgulas, que permitem que nossa história prossiga. Da mesma forma, quando se deparam com a doença, enxergam o ensejo de melhorar a saúde, e não uma prisão de eterno sofrimento.

---

[109] Bíblia & Chave Bíblica, tradução de João Ferreira de Almeida, edição revista e corrigida, Sociedade Bíblica do Brasil.

Quando nos habituamos ao bom olhar, nossa vida se ilumina, disse Jesus. Isso acontece porque tudo aquilo que eu destaco com meu olhar é um patrimônio que incorporo à minha própria vida! É um princípio de ressonância, isto é, o que eu enalteço por fora repercute em mim, na mesma medida. O mundo que eu vejo é o mundo que eu crio para mim! Aquilo a que eu dou atenção é o que cresce em minha vida. As sementes que eu rego são as sementes que irão florescer!

Quem só enxerga o mal fomenta o mal em si mesmo. Quem só vê os defeitos alheios encharca a própria mente de maldade, adoecendo a sua vida. Quem só enxerga trevas no mundo não verá a luz das boas realizações em seu caminho. Quem se acostuma a ver espinhos não sentirá o perfume da flor. Quem coleciona amarguras não sentirá as doçuras com que a vida nos presenteia em muitas oportunidades.

Por isso, Emmanuel falou para tomarmos cuidado com os nossos...

"Olhos de malícia...
Olhos de crueldade...
Olhos de ciúme...
Olhos de ferir...
Olhos de desespero...
Olhos de desconfiança...
Olhos de atrair a viciação...
Olhos de perturbar...

Olhos de reparar males alheios...
Olhos de desencorajar as boas obras...
Olhos de frieza...
Olhos de irritação..."[110]

Nosso olhar não pode se tornar uma poça de lama, mas pode se converter num riacho de águas cristalinas, onde a paz, a saúde, a alegria e a prosperidade encontrem morada. Estudos de física quântica afirmam que o comportamento dos átomos muda de acordo com o olhar de quem os observa. Desse modo, a maneira de olhar os fatos e os pensamentos que temos sobre eles têm o poder de mudar a nossa realidade[111]. Por isso, Jesus disse que, a depender da maneira como encaramos as coisas, nossa vida pode se iluminar ou virar trevas.

Gonzaguinha, nosso querido poeta do cancioneiro popular, teve olhos bons quando escreveu:

Eu sei, eu sei, que a vida
devia ser bem melhor, e será,
mas isso não impede que eu repita:
é bonita, é bonita, e é bonita.[112]

---

110 O Evangelho por Emmanuel, comentários ao Evangelho de Mateus, psicografia de Francisco Cândido Xavier, p. 225, FEB editora.
111 https://amenteemaravilhosa.com.br/conexao-entre-fisica-quantica-e-espiritualidade/ (acesso em 08/03/23).
112 Canção: "O que é, o que é?"

27

Pé na estrada

> *Importa, porém, caminhar hoje, amanhã e no dia seguinte...*
>
> JESUS[113]

---

[113] Lucas 13, 33. Bíblia & Chave Bíblica, tradução de João Ferreira de Almeida, edição revista e corrigida, Sociedade Bíblica do Brasil.

Nossa vida é uma jornada de crescimento espiritual, uma viagem de expansão da consciência, um caminhar contínuo e um aprendizado constante, processo gradual de transformação da pedra bruta em diamante.

Isso decorre do fato de estarmos todos sob o comando da Lei de Evolução. A Espiritualidade afirma que:

"O progresso é uma lei da Natureza, todos os seres da Criação, animados e inanimados, a ele estão submetidos pela bondade de Deus, que quer que tudo engrandeça e prospere".[114]

Na simbologia bíblica, a escada que Jacó viu em sonho, que partia da Terra e chegava até o Céu,[115] representa a caminhada de ascensão que cada um deve fazer para alcançar a sua bem-aventurança. A escada tem os seus degraus, e não é uma escada rolante, isto é, exige que cada um se movimente, se esforce em subir degrau por degrau.

A evolução é uma programação divina da qual ninguém escapa, porque ela se destina à nossa felicidade. Quanto mais o espírito cresce em amor e sabedoria, mais ele é feliz. E esse é o único desejo que Deus tem para seus filhos! Todas as vezes, porém, em que interrompemos a caminhada por tempo maior do que o necessário para o

---

[114] O Evangelho Segundo o Espiritismo, Allan Kardec, tradução de Salvador Gentile, cap. III, item 19, IDE editora.
[115] Gênesis 28, 12.

nosso descanso e refazimento, entramos em atrito com a Lei Divina, pois, como já foi dito, Deus deseja unicamente o nosso progresso e a nossa felicidade, e isso somente se alcança subindo os degraus da nossa "escada de Jacó".

Como a evolução é uma lei da natureza, resistir ao progresso é como querer nadar contra a correnteza, o que nos ocasiona uma série de dificuldades e desgastes desnecessários, não porque estamos sendo castigados por Deus, mas porque insistimos em andar no contrafluxo da ordem divina. Se fossemos mais dóceis às necessidades do nosso aprimoramento, evitaríamos muitos problemas em nosso caminho.

Daí por que Jesus afirmou: "importa caminhar hoje, amanhã e no dia seguinte". Como Sublime Terapeuta, o Mestre sabe que, muitas vezes, diante de revezes e obstáculos, tendemos a parar, estacionar, desistir de lutar, entregar os pontos. O desânimo pode até ser uma reação inicialmente compreensível e humana, mas, quando se prolonga, faz nossa vida estacionar, aumentando a sensação de tédio e marasmo, que, por sua vez, retroalimenta o nosso desânimo.

Aprendamos com a natureza. Os rios correm para o mar. As estações do ano se alteram de tempos em tempos. O mar se movimenta em ondas constantes. O vento arrasta as nuvens para todos os cantos. A Terra está em constante movimento de rotação e translação.

O Universo está em constante expansão. O sangue circula ininterruptamente em nosso corpo. O coração bate sem parar. Os pulmões trabalham até mesmo sem o nosso comando.

Nas artes, a música é o movimento das notas. A dança é o movimento do corpo. A pintura é o movimento das mãos. A literatura é o movimento das palavras.

Assim, se tudo no Universo está em movimento, por que o homem se daria ao luxo de entregar sua vida ao desalento das horas vazias? Por que parar de caminhar, se, a despeito de uma queda, ainda há tantas estradas pela frente?

Por que desistir diante de uma porta que se fechou, se outras portas abertas esperam por nós? São os passos que fazem os nossos caminhos! São os "ralados" da existência que deixam nossa alma mais forte! São os erros que nos deixam mais experientes! É caminhando que aprendemos a viver, tirando da vida o melhor que ela tem a nos oferecer!

Neste momento, Jesus está nos convidando a levantar do chão da tristeza, da apatia que ensombra os nossos dias, da inércia que encurta a nossa vida, do medo que nos paralisa, da culpa que nos aprisiona.

Levantar, seguir e recomeçar, sempre! Pensar na vida daqui para a frente, aprendendo com o passado, planejando o futuro, mas, sobretudo, colocando o pé na estrada hoje, amanhã e depois de amanhã.

28

Pai-nosso

~~~~~~~~

> **Identifiquem-se com o Amor Universal, expresso no serviço material e espiritual a todos; então saberão quem foi Jesus Cristo e poderão afirmar, em suas almas, que somos todos uma só família, filhos do Deus único!**
>
> YOGANANDA[116]

---

116 A Yoga de Jesus, p. 21, *Self-Realization Fellowship*.

Quando Jesus, atendendo ao pedido dos discípulos, ensinou-lhes a orar, ele iniciou a prece dizendo: "Pai nosso..."[117] Muitas vezes, não nos damos conta da grandeza e profundidade dessa expressão tão singela: "Pai nosso"! Assim se expressando, Jesus revela, num primeiro momento, a natureza da nossa relação com Deus e, depois, o que ela implica em nossa relação com o próximo.

Ao pronunciar a oração em aramaico, Jesus se refere a Deus chamando-O de *Abba*. Segundo o teólogo José Antonio Pagola:

"Esta expressão aramaica, utilizada por Jesus em todas as suas orações que chegaram até nós, é um termo que era usado especialmente pelas crianças pequenas para dirigir-se a seu pai. Trata-se de um diminutivo carinhoso (algo como "papai") que ninguém se havia atrevido a empregar até então para dirigir-se a Deus".[118]

Jesus deseja que nosso relacionamento com Deus seja construído em bases de confiança, afeto e ternura, pois é assim que Ele nos considera e gostaria também de ser considerado. Isso é essencial para nos desvencilharmos da ideia de um Deus que pune a sua criação, que deseja ser temido, e não amado.

Ao chamar Deus de "Pai", "Pai querido", "Paizinho", Jesus descortina a possibilidade de uma relação saudá-

---

117 Mateus 6, 9.
118 Pai-nosso, orar com o Espírito de Jesus, p. 16, Editora Vozes.

vel e construtiva com Deus. Somente sabendo e sentindo que Deus nos ama é que poderemos estabelecer com Ele um vínculo positivo, que nos possibilitará agir na direção do que, por amor a nós, Ele nos solicita. A experiência de sentir-se amado por um Deus-Pai é como chuva abundante no solo árido do nosso coração: fecunda a terra para a semente germinar e dar frutos doces como o mel!

Essa revelação trazida por Jesus não fica restrita ao meu relacionamento pessoal com Deus, mas também repercute em minha relação com o próximo. O Deus-Pai não é propriedade exclusiva minha: Ele é o Pai nosso, isto é, o Pai de todos, sem exclusão de ninguém.

É o Pai que ama a todos, sem distinção. Ama os justos e os faltosos, os sãos e os doentes, os religiosos e os ateus, os nossos amigos e os nossos inimigos também, a minha família, o meu país e as outras famílias e as outras nações, igualmente. Ama os seres humanos e todos os demais seres da criação. Nada e nem ninguém está fora do amor de Deus!

Sendo Deus o Pai, somos nós Seus filhos. Sendo filhos, somos todos irmãos uns dos outros e, por consequência, somos todos membros da grande família de Deus! Não estamos ligados apenas à nossa família consanguínea; nossos laços são mais amplos, pois, como irmãos, pertencemos à família universal!

Portanto, o nosso amor precisa ir além das pequenas fronteiras da nossa família biológica, precisa chegar aos que não têm o conforto da nossa casa, a comida da nossa mesa, o agasalho que nos protege do frio, o afeto familiar que nos sustenta nas horas difíceis. Jesus perguntou: o que fazemos de especial, se tratamos bem apenas os que nos amam?[119]

Quando se dirige a Deus como "Pai-nosso", Jesus pretende expandir nossa consciência para a ideia de que somos todos integrantes de uma só família e que ninguém deve ficar excluído dela. Todas as vezes em que excluímos um filho de Deus da partilha de nossa vida, estamos, na verdade, nos excluindo também da comunhão com o Pai, da comunhão com o Divino, distanciando-nos do *Reino de Deus*, que Jesus nos orientou a buscar prioritariamente em nossa vida.[120] E, quando isso acontece, passamos a viver longe da *Casa do Pai*, arcando com as consequências dolorosas do exílio que nos impusemos.

Não queiramos viver longe do Lar que Deus preparou para que todos os seus filhos vivam felizes, comendo do mesmo pão, bebendo juntos no cálice da fraternidade! Bezerra de Menezes afirma que "a caridade é a chave da Casa de Deus".[121] Para ter essa chave em mãos, basta praticar o "Pai nosso"!

---

119 Mateus 5, 46.
120 Mateus 6, 33.
121 Dicionário da alma, psicografia de Francisco Cândido Xavier, p. 67, FEB editora.

29

O *mestre do amor incondicional*

༺◦❀◦༻

> *Eu sou o bom pastor;*
> *o bom pastor dá a vida*
> *pelas suas ovelhas.*
>
> JESUS[122]

---

[122] João 10, 11. Bíblia de Jerusalém. Paulus.

Olhando para o seu círculo de familiares e amigos e perguntando a si mesmo se alguém dentre eles seria capaz de dar a própria vida para salvá-lo de algum perigo, é provável que, com sorte, você encontre uma ou outra pessoa capaz de sacrificar a própria vida por você. E, sendo sinceros, é bem provável que nós também não estejamos na lista de muitas pessoas que nos são queridas. Nosso amor ainda não vai tão longe assim...

Mas com Jesus é diferente! Ele afirmou que é o bom pastor, que dá a vida pelas suas ovelhas, especialmente pelas ovelhas perdidas. Quando o Mestre deixou a cruz, dias depois, ele surge aos olhos de Maria Madalena e explica que ainda não havia subido para os Planos Divinos.[123] Madalena, então, lhe pergunta onde ele esteve após a crucificação. Pelos versos de Maria Dolores, a Espiritualidade revelou a surpreendente resposta de Jesus:

— Não, Maria, não fui ainda ao Alto,
Nem me elevei sequer um palmo à luz do firmamento.
Quem ama não consegue achar o Céu de um salto...
Ao invés de subir aos Altos Resplendores,
Desci, mas desci muito aos reinos inferiores...
Despertando no túmulo, escutei
Os gritos de aflição de alguém que muito amei

---

[123] João 20, 17.

E que muito amo ainda...
Embora visse, além, a Luz sempre mais linda,
Sentia nesse alguém um amado companheiro,
Em crises de tristeza e de loucura...
Fui à sombra abismal para a grande procura
E ao reencontrá-lo amargurado e louco,
A ponto de não mais me conhecer,
Demorei-me a afagá-lo e, pouco a pouco,
Consegui que ele, enfim, pudesse adormecer...
— Senhor —, interrogou Madalena.
— Quem é o amigo que te fez descer,
Antes de procurar a Luz do Pai?
Mas Jesus replicou, em voz clara e serena:
— Maria, um amigo não esquece
A dor de outro amigo que cai...
Antes de me altear à Celeste Alegria,
Ao sol do mesmo amor a Deus, em que te elevas,
Vali-me, após a cruz, das grandes horas mudas,
E desci para as trevas,
A fim de aliviar a imensa dor de Judas.[124]

Confesso que fui às lágrimas ao ler esses versos, que demonstram quão grande e belo é o amor que Jesus tem

---

124 Maria Dolores, psicografia de Francisco Cândido Xavier, *Coração e Vida*, *e-book*, FEB editora.

por nós! Judas foi o discípulo que traiu o Mestre, e, por conta disso, Jesus foi preso, torturado e morto na cruz. Sentindo profundo remorso, Judas cometeu indesejável suicídio.[125]

A despeito disso tudo, Jesus continuou amando Judas, dizendo que era seu amigo, e que um amigo não esquece quando o outro amigo cai.

Jesus não se esqueceu de Judas e, quando foi à sua procura, não alargou as suas culpas, não lhe trouxe qualquer palavra de censura. Simplesmente o amou![126]

Da mesma forma, Jesus não esquece de nós quando também caímos nas estradas da vida, em nossas crises de fragilidade, tristeza e loucura. Ele vem afagar os nossos cabelos, enxugar as nossas lágrimas e aliviar a nossa dor; vem restaurar as nossas forças para a renovação que sempre nos aguarda depois das nossas quedas.

Sublime Terapeuta, Jesus "não julgava nem criticava, mas levava o outro a perceber-se e a enxergar-se, não apenas no comportamento social, mas, principalmente, na sua consciência. Infalível técnica de colocar-se dian-

---

[125] Mateus 27, 5.
[126] E isso foi o bastante para que Judas preparasse sua renovação espiritual em futuros retornos à carne (Nota do Autor).

te do outro como um espelho neutro, que deve refletir aquilo que lhe é mostrado".[127]

Ele não apenas indica caminhos, mas desce aos nossos "infernos", para, com amor e delicadeza, caminhar conosco em direção ao Céu.

Agora mesmo ele está fazendo isso, comigo e com você!

---

[127] Adenáuer Novaes, Psicologia do Evangelho, p. 19, Fundação Lar Harmonia.

· · · · · · ·

Jesus vem afagar os nossos cabelos, enxugar
as nossas lágrimas e aliviar a nossa dor; vem
restaurar as nossas forças para a renovação
que sempre nos aguarda depois das
nossas quedas.

· · · · · · ·

30
Acender as tochas

~~~~~~~~~~

> *Jesus percorria todas as cidades e povoados, ensinando em suas sinagogas e pregando o Evangelho do Reino, enquanto curava toda sorte de doenças e enfermidades. Ao ver a multidão teve compaixão dela, porque estava cansada e abatida, como ovelhas sem pastor.*
>
> EVANGELHO DE JESUS SEGUNDO MATEUS[128]

---

[128] Mateus 9, 35-36. Bíblia de Jerusalém, Paulus.

Esse relato do Evangelista Mateus nos possibilita ter clara ideia a respeito das atividades de Jesus. O Mestre não ficou isolado em algum local à espera de que o procurassem. Não há dúvida de que muitos o buscaram, onde quer que ele estivesse, mas ele também estava em constante procura da multidão, cansada e abatida, por quem nutria grande compaixão.

O dicionário define a compaixão como o sentimento de simpatia e identificação com quem sofre ou tem dificuldades.[129] É o sentimento de piedade. André Comte-Sponville afirma que:

"a compaixão é o contrário da crueldade, que se regozija com o sofrimento do outro, e do egoísmo, que não se preocupa com ele".[130]

Em todos os sentidos do seu ministério de amor, Jesus agia movido de compaixão pelos sofredores do corpo e do espírito.

Isso explica o dinamismo do Cristo, tanto na multiplicidade das tarefas realizadas como na busca pelo contato pessoal com os doentes, abatidos, oprimidos e desorientados. Emmanuel explica muito bem a ação operosa de Jesus:

---
129 Caldas Aulete, Dicionário escolar da língua portuguesa, Lexikon.
130 Pequeno Tratado das Grandes Virtudes, p. 118, Martins Fontes editora.

Não foge o Mestre ao contato com a luta comum. A Boa Nova em seu coração, em seu verbo e em seus braços é essencialmente dinâmica.

Não se contenta em ser procurado para mitigar o sofrimento e socorrer a aflição. Vai, Ele mesmo, ao encontro das necessidades alheias, sem alardear presunção.

Instrui a alma do povo, em pleno campo, dando a entender que todo lugar é sagrado para a divina Manifestação.

Não adota posição especial para receber os doentes e impressioná-los. Na praça pública, limpa os leprosos e restaura a visão dos cegos.

À beira do lago, entre pescadores, reergue paralíticos.

Em meio da multidão, doutrina entidades da sombra, reequilibrando obsidiados e possessos.

[...] Em ocasião alguma o encontramos fora de ação.[131]

Não estamos, porém, falando apenas do que Jesus um dia fez, de um Jesus sepultado pela História. Estamos falando de um Jesus vivo, que continua, todos os dias, convivendo compassivamente com a Humanidade sofredora, pois ele mesmo afirmou que permaneceria

---

[131] O Evangelho por Emmanuel, comentários ao Evangelho segundo Mateus, psicografia de Francisco Cândido Xavier, p. 330, FEB editora.

ao nosso lado diariamente.[132] Como disse o Apóstolo Paulo, Jesus é o mesmo ontem, hoje e sempre![133]

O Cristo que ontem percorria cidades e povoados, hoje, continua peregrinando pelas estradas do mundo. Jesus não está isolado no Céu, indiferente aos destinos humanos; ele está na Terra, socorrendo, consolando e orientando seus irmãos nas encruzilhadas da vida. Não coloquemos Jesus distante dos homens; ele é o professor que está na sala de aula, o médico que está no hospital, o amigo que socorre o outro nas horas difíceis.

O Jesus que ontem também ensinava nas sinagogas, hoje, permanece ensinando nos mais diversos templos que lhe acolhem a diretriz, independentemente da sua denominação religiosa. Enquanto algumas religiões costumam se preocupar demasiadamente com o pecado, assustando o Homem com promessas de culpas e castigos, Jesus mostra o caminho da iluminação interior pela compaixão, pelo perdão e pelo amor.

O Mestre vem curando as imagens negativas criadas sobre nós mesmos, todas oriundas da ideia do "pecado original", quando, na verdade, a nossa "originalidade" é divina. Por isso, ele afirmou que somos deuses,[134] somos o sal da terra[135] e somos a luz do mundo.[136]

---
132 Mateus 28, 20.
133 Hebreus 13, 8.
134 João 10, 34.
135 Mateus 5, 13.
136 Mateus 5, 14.

Entendo que a pedagogia do Mestre Jesus não seja propriamente combater os nossos defeitos, combater diretamente o mal, mas fazer crescer o bem em nós. Que cada um olhe para a sua essência divina, a fim de se guiar por ela, com o que estará, pouco a pouco, diminuindo a escuridão íntima. O único meio eficaz de combater as trevas é acender a luz!

Ainda há muitas tochas apagadas pelo mundo. É provável que a nossa esteja assim, o que pode explicar nosso cansaço e abatimento espiritual. Por isso, creio que o Jesus peregrino esteja, neste exato instante, passando por nós, para riscar o fósforo e acender a nossa luz! E o que está escuro se tornará claro, o que está perdido será recuperado, o que está morto tornará a viver!

— *Eu vim para que todos tenham vida, e vida em abundância.*[137]

---
[137] João 10, 10.

....
Não coloquemos Jesus distante dos homens;
ele é o professor que está na sala de aula,
o médico que está no hospital, o amigo
que socorre o outro nas horas difíceis.
....

31

A semente da fé

~~~~~ ❦ ~~~~~

> **Vê de novo;
> *tua fé te salvou.***
>
> JESUS[138]

---

138 Lucas 18, 42. Bíblia de Jerusalém. Paulus.

Em muitas curas realizadas, Jesus enaltecia a fé da pessoa que teve a saúde restabelecida. Não há dúvida de que a poderosa irradiação fluídica de Jesus atuava em cada circunstância, no entanto, a fé do enfermo era um fator decisivo para a cura, era o ponto de ligação entre o Cristo e o enfermo.

Há no Evangelho o caso emblemático da cura da mulher hemorrágica.[139] Ela sofria de um fluxo sanguíneo ininterrupto havia doze anos. Já havia feito todos os tratamentos médicos disponíveis à época. Enfraquecida física e emocionalmente, decide procurar Jesus e o encontra em praça pública, espremido pela multidão. Mesmo assim, não desiste. Aproxima-se dele, quase que rastejando. Não o interpela, nenhuma palavra lhe dirige. Simplesmente, toca-lhe as vestes, com o firme propósito de ser curada. E, ato contínuo, o fluxo de sangue é estancado!

Jesus sente que dele se desprendeu uma força e quer saber quem o havia tocado. A mulher se apresenta, visivelmente emocionada e grata, e o Cristo afirma que ela havia sido curada por causa da fé que demonstrou. Observemos que a mulher simplesmente tocou as vestes de Jesus, sem que ele soubesse, de antemão, que seria tocado ou mesmo procurado por ela, e a hemorragia cessou prontamente!

---

139 Marcos 5, 25-34.

Allan Kardec explica o acontecido:

"*É de notar-se que o efeito não foi provocado por nenhum ato de vontade de Jesus, não houve magnetização, nem imposição das mãos. Bastou a irradiação fluídica para realizar a cura.*

Mas por que essa irradiação se dirigiu para aquela mulher e não para outras pessoas, uma vez que Jesus não pensava nela e tinha a cercá-lo a multidão?

É bem simples a razão. Considerado como matéria terapêutica, o fluido tem que atingir a matéria orgânica, a fim de repará-la; pode então ser dirigido sobre o mal pela vontade do curador, ou atraído pelo desejo ardente, pela confiança, numa palavra: pela fé do doente."[140]

Ainda segundo Allan Kardec, a fé é uma "...verdadeira força atrativa, de sorte que aquele que não a possui opõe à corrente fluídica uma força repulsiva, ou, pelo menos, uma força de inércia, que paralisa a ação".[141]

É bom que se diga que a fé não se destina apenas à superação das nossas enfermidades, mas a todas as barreiras que se antepõem em nosso caminho. As montanhas que a fé remove também são aquelas que existem em nós mesmos, como a insegurança, o medo, o vitimismo,

---

[140] A Gênese, capítulo XV, item 11, p. 316, tradução de Guillon Ribeiro, FEB editora.
[141] Idem.

a apatia, os vícios e todo sentimento íntimo contrário ao bem que Deus deseja a cada um dos seus filhos.

E de onde brota essa fé? Como manifestá-la em nossa vida? Uma explicação da Espiritualidade pode nos ajudar a responder essas questões:

"A fé é o sentimento inato, no homem, de sua destinação futura; é a consciência que tem das faculdades imensas, cujo germe foi depositado nele, primeiro em estado latente, e que deve fazer eclodir e crescer por sua vontade ativa".[142]

Tento explicar a lição espiritual: a fé pode ser comparada a uma semente que foi depositada em todo ser humano; portanto, não se pode dizer que alguém "não tem fé", apenas que não está desenvolvendo a semente da fé que Deus colocou em cada um de nós.

Essa fé é a consciência da destinação gloriosa que Deus preparou para todos os seus filhos. O Pai não nos criou para a dor e o sofrimento, pois Ele é a fonte do amor e do eterno bem. Se a dor e o sofrimento nos acompanham, isso se deve a um desvio de rota que fizemos em relação ao plano amoroso que Deus traçou para nós.

Por tal razão, não basta uma fé ardente nas bênçãos que Deus reservou a todos nós, se não ajustamos as rotas de nossa existência segundo o que Ele espera de

---

[142] O Evangelho Segundo o Espiritismo, Allan Kardec, capítulo XIX, item 12, tradução de Salvador Gentile, IDE editora.

nós. Nesse sentido, vale a pena meditar na indagação de Emmanuel:

"Será justo suplicar o socorro de Deus nas horas de aflição e construir a existência como se Deus não existisse?"[143]

Além de acreditar no bom destino que Deus nos reservou, é preciso também crer nas faculdades imensas com que Deus nos contemplou, isto é, precisamos crer em nós mesmos, acreditar em nossas capacidades, reconhecer os nossos talentos e colocá-los em movimento de expansão, através de uma vontade ativa e dinâmica!

Se duvidarmos de nós, descrendo dos potenciais divinos com que Deus nos criou, nossa fé será vacilante e frágil, dificilmente iremos transpor os obstáculos que surgirem à nossa frente, sejam eles de que natureza forem. E as palavras de Jesus, no sentido de que a fé remove montanhas,[144] serão para nós apenas um artigo de vitrine...

---

[143] No Portal da Luz, psicografia de Francisco Cândido Xavier, p. 15, IDE editora.
[144] Mateus 17, 14-20.

．．．．．．．
É bom que se diga que a fé não se destina
apenas à superação das nossas enfermidades,
mas a todas as barreiras que se antepõem
em nosso caminho.
．．．．．．．

32

Voltar ao eixo

> *Jesus, vendo a sua fé, disse ao paralítico:*
> *"Filho, teus pecados estão perdoados".*
>
> EVANGELHO DE JESUS SEGUNDO MARCOS[145]

---

145 Marcos 2, 5. Bíblia de Jerusalém, Paulus.

Essa citação do Evangelho de Marcos faz referência a mais uma cura singular feita por Jesus. Trata-se de um paralítico que foi levado em seu leito por quatro amigos à casa de Simão Pedro, em Cafarnaum, onde Jesus se encontrava. Era tanta gente que ali estava para ver e ouvir Jesus, que não foi possível ao paralítico entrar e sequer se aproximar da porta de entrada.

Então, os amigos do enfermo tiveram uma ideia inusitada: levaram o paralítico até o telhado da casa, fizeram um buraco bem em cima de onde Jesus pregava e desceram o doente deitado em sua cama. Eu fico imaginando a fisionomia de espanto de Jesus, ao se deparar com essa cena ousada e surpreendente!

Contudo, vendo a fé do enfermo e de seus fiéis amigos, Jesus afirmou que os pecados do paralítico estavam perdoados, que ele se levantasse, tomasse a sua cama e fosse para casa. E, no mesmo instante, o doente ficou curado.[146]

Dois aspectos me chamam a atenção em mais essa cura de Jesus. O primeiro deles se refere novamente à fé, como abordamos no capítulo anterior. O paralítico e seus amigos não desistiram de encontrar Jesus, mesmo ao se depararem com a multidão que cercava a casa de Pedro, impedindo-os de entrar. A fé era tanta que se expuseram aos perigos de subir no telhado com o doente,

---

146 Marcos 2 1-12.

abrir um buraco e descer o enfermo bem diante de onde Jesus pregava.

Acredito que muitas pessoas, se estivessem na posição do paralítico, teriam desistido de estar com Jesus no primeiro obstáculo, ou, até quem sabe, nem teriam saído de casa...

O segundo aspecto relevante é constatar que, antes de curar o enfermo, Jesus diz que os pecados dele estavam perdoados. Essas palavras de Jesus sugerem fortemente que a doença estava associada a uma desarmonia íntima do enfermo.

A Espiritualidade explica:

"Quantas enfermidades pomposamente batizadas pela ciência médica não passam de estados vibratórios da mente em desequilíbrio? Qualquer desequilíbrio interior atacará naturalmente o organismo em sua zona vulnerável".[147]

Segundo o teólogo Jean-Yves Leloup:

"*Hamartia*, pecado, em grego, quer dizer 'ter perdido o seu eixo, seu centro', 'estar sem eixo', 'mirar ao lado'; o amor nos recoloca em nosso eixo, nos torna a centrar no coração".[148]

---
[147] Vinha de Luz, Emmanuel, psicografia de Francisco Cândido Xavier, capítulo 157, p. 385, FEB editora.
[148] O romance de Maria Madalena, p. 158, Verus editora.

Quando nos distanciamos da Lei do Amor (pecado), passando a viver dentro de padrões egocêntricos, damos causa a uma desconexão com a Energia Divina e entramos em desequilíbrio vibratório, adoecendo.

Jesus é o Mestre do Amor! Por isso, ele expressamente nos pediu que amássemos uns aos outros, como ele nos amou.[149] Quando amamos, somos verdadeiramente felizes, pois vivemos em harmonia conosco e com o próximo, criamos relacionamentos saudáveis, somos capazes de compreender melhor as pessoas, de ajudá-las em suas dificuldades, de perdoá-las e de nos perdoarmos também quando falhamos.

O amor dá sentido à nossa existência! Temos prazer em acordar todas as manhãs e alegria em participar da vida, oferecendo o nosso melhor. Ter paz, saúde e felicidade dependem, em grande parte, de centralizar a nossa vida no coração. Fomos criados por Deus para o amor e para amar!

Espíritos ainda imperfeitos que somos, muitas vezes, erramos o alvo, quando nos esquecemos de amar e perdoar tanto a nós mesmos como ao próximo, quando odiamos, quando machucamos a nós mesmos e ao outro, quando somos egoístas, presunçosos, intolerantes, beligerantes, indiferentes ao sofrimento de quem passa por nós.

---

149 João 13, 34.

"Pecar", na essência, é não agir pelo coração, é o desamor nas suas mais infinitas expressões. E nem por isso somos punidos por Deus! Continuamos, ainda assim, sendo amados pelo Pai, que faz nascer o Sol sobre justos e injustos, como afirmou Jesus.[150] Mas, ao perdermos o nosso eixo divino e essencialmente amoroso, entramos em desequilíbrio espiritual, que, por sua vez, rebaixa nosso padrão de energia, causando danos em diversas áreas da nossa vida, notadamente no campo da saúde física, mental e espiritual.

Dessa maneira, todo processo de cura depende não apenas de remédios, dietas, cirurgias ou, até mesmo, de recursos espirituais obtidos no templo religioso, mas, principalmente, de que o doente se recoloque no eixo, torne a se centrar no amor, deixando de lado, portanto, todos os sentimentos negativos que pesam em seu coração e que drenam suas melhores energias, adoecendo-o.

Sem esse retorno ao centro amoroso, não se restabelece a conexão com a Fonte Divina, de onde brota a energia vital, capaz de nos reequilibrar e recuperar nossa saúde. Não há como cessar o efeito sem sanar a causa!

Esse é o processo de autocura que Jesus almeja para todos nós. Não se trata de culpar-se por seus erros. A culpa é filha do orgulho, da vaidade daquele que acha que nunca poderia ter errado. A autocura começa com o

---
150 Mateus 5, 45.

arrependimento, filho da humildade, e segue com o movimento contínuo de transformação interior pelo amor, e não mais pela dor.

Todos que estamos aqui na Terra vamos errar várias vezes, e isso faz parte da nossa condição humana. O problema surge quando sequer nos damos conta das nossas falhas ou, uma vez cientes delas, nada fazemos para corrigi-las, persistindo em velhos padrões disfuncionais.

Quando o erro se tornar crônico, nossa consciência despertará pelos mecanismos da dor, da colheita do mal que fizemos. As provas desta vida são um tratamento de beleza espiritual, tal qual ocorreu ao paralítico.

Estou certo de que Jesus viu essa consciência desperta no paralítico, por isso o curou. Não faria sentido perdoá-lo sem que o doente sequer tivesse reconhecido que andava fora do prumo, que estava longe da Casa do Pai, onde reinam o amor, o perdão e a caridade.

Ao dizer que os pecados do paralítico estavam perdoados, Jesus apenas homologa seu novo estado de consciência, o qual já não precisava mais da doença para o seu despertar. Não mais a culpa que paralisa, mas o amor que põe de pé o doente e faz a vida seguir adiante, em constante renovação!

33

O salvador de mim

~ ✦ ~

> *Queres ficar curado?*
>
> Jesus[151]

---

[151] João 5, 6. Bíblia de Jerusalém. Paulus.

Aqui abordamos mais uma cura de Jesus. Novamente, trata-se de um paralítico que estava nessa situação havia 38 anos. Jesus o encontra em Jerusalém, junto a uma piscina, onde inúmeros doentes se aglomeravam. Acreditava-se que, de quando em quando, um anjo passava pelo local e fazia borbulhar as águas, e o primeiro que entrasse na piscina seria curado.[152]

É Jesus quem toma a iniciativa do diálogo e endereça-lhe uma pergunta intrigante:

"Queres ficar curado?"

A indagação do Cristo deve ter causado alguma estranheza, pois parecia evidente que o paralítico queria sarar – afinal, ele estava junto à piscina, à espera de um milagre. Na verdade, presume-se que todo enfermo deseja se curar. Mas Jesus, como sábio terapeuta, lendo a alma do paralítico, deve ter identificado algum ponto no qual ele resistia inconscientemente à cura.

Esse fenômeno, séculos depois, a psicologia veio explicar, denominando-o de "ganho de prazer secundário". Anselm Grün, monge católico, conselheiro espiritual e estudioso do autoconhecimento, fala a respeito:

A doença também traz vantagens. Ela serve como desculpa para aquele que não quer assumir responsabilidades pela sua vida. Acompanhei uma mulher durante

---
[152] O episódio completo está narrado em João 5, 1-9 (Nota do Autor).

um ano inteiro, mas nada aconteceu e senti que ela não queria ser curada. Sempre me procurava para conversar; este era o ganho de prazer secundário da sua doença. Se ela resolvesse seus problemas, não teria mais motivos para conversar comigo.[153]

Muitas vezes, pode ocorrer que, a par dos dissabores que toda doença causa, algum ganho secundário estejamos obtendo, como, por exemplo, receber mais atenção das pessoas, sentir-se bem com a sensação de ser cuidado, eximir-se de responsabilidades que todos temos perante a vida, regredindo-a a um estágio infantil de prazeres, sem obrigações.

É claro que toda doença, todo problema, de uma forma geral, nos deixa mais frágeis e carentes de apoio e atenção das pessoas à nossa volta, e não há nenhum problema em ser objeto desse cuidado especial. O problema surge quando, para continuar sendo alvo da atenção alheia e para fugir das nossas responsabilidades, obstaculizamos a cura com a falta de vontade de ser curado. Com esse raciocínio, compreendemos exatamente aonde Jesus desejava chegar, quando perguntou ao paralítico se ele queria ficar curado.

Vejamos, então, a resposta que ele deu a Jesus:

---

153 Jesus como Terapeuta, o poder curador das palavras, p. 131, Editora Vozes.

"Senhor, não tenho quem me jogue na piscina, quando a água é agitada; ao chegar, outro já desceu antes de mim".[154]

Jesus não se comove com essa resposta, não endossa a ideia de que a vida do paralítico estava nas mãos de outros. Jesus chama o doente à responsabilidade sobre a própria vida, ordenando-lhe:

"Levanta-te, toma teu leito e anda!"[155]

E, imediatamente, o homem ficou curado, tomou o leito e se pôs a andar.

Essa passagem do Evangelho nos remete à importância do autoconhecimento e da autorresponsabilidade pelo protagonismo da nossa vida. Jesus provocou no paralítico a necessidade de olhar para dentro de si, mas ele ficou olhando apenas para fora, procurando as pessoas que não o ajudavam a entrar na piscina. Acredito que, do ponto de vista emocional, doença é inércia, e cura é movimento do enfermo, no sentido de gerenciar positivamente a própria vida.

O psicólogo Adenáuer Novaes elucida:

"Querer ficar curado é não atribuir ao outro a responsabilidade pelo processo de cura. O *salvador* de mim mesmo sou eu. O Cristo mostrava que o remédio pro-

---

154 João 5, 7. Bíblia de Jerusalém. Paulus.
155 João 5, 9. Bíblia de Jerusalém. Paulus.

curado estava no próprio indivíduo e não fora dele. O remédio é mais interno que externo".[156]

Por isso, Jesus queria que o paralítico olhasse para dentro, a fim de tomar posse do seu poder pessoal de se responsabilizar pela própria vida, levantando seu ânimo, sua vontade firme de viver, dominando sua doença, e não sendo dominado por ela, dando movimento à sua vida, e não a deixando paralisada.

Não descarto a possibilidade de que a doença do paralítico tivesse um componente mais emocional do que físico, e a atuação de Jesus tenha sido mais no sentido de levar o doente a entrar em contato com seu mundo íntimo, desenraizando-se dos seus aspectos mórbidos e potencializando sua vontade de viver, de ser curado e de assumir as rédeas do seu destino. Considerando que, hoje, a Medicina vem aceitando, cada vez mais, que as emoções impactam a nossa saúde, fica claro que o Evangelho do Cristo é um caminho seguro para a nossa cura interior.

Diante das nossas dores e dificuldades, ao suplicarmos a intercessão de Jesus, tenhamos a certeza de que ele nos perguntará também:

— *Queres ficar curado?*

---

156 Psicologia do Evangelho, p. 50, Fundação Lar Harmonia.

·······
Acredito que, do ponto de vista emocional,
doença é inércia, e cura é movimento
do enfermo, no sentido de gerenciar
positivamente a própria vida.
·······

34
Sistema de vida

> *Cada manhã, e depois de rápida prece,*
> *pergunto a mim mesmo que deseja*
> *o Senhor de mim no dia de hoje.*
>
> CHICO XAVIER[157]

---

[157] Chico Xavier com você, Carlos A. Baccelli, p. 89, Vinha de Luz editora.

Chico Xavier nos dá um exemplo prático de como ele trazia os ensinamentos de Jesus para a sua vida. Chico tinha claras para si as palavras do Cristo, pronunciadas no Sermão da Montanha: "Quem ouve esses meus ensinamentos e vive de acordo com eles é como um homem sábio que construiu a sua casa na rocha. Caiu a chuva, vieram as enchentes, e o vento soprou com força contra aquela casa. Porém, ela não caiu porque havia sido construída na rocha".[158]

Não devemos recorrer a Jesus apenas para obter dele a solução para os problemas que nos afligem. É certo que ele nos socorre em todas as circunstâncias da vida. No entanto, a essência de sua missão se volta para a educação das almas, pois a nossa ignorância espiritual é que nos leva a muitos sofrimentos.

Posto na cruz, sofrendo todo tipo de agressão, Jesus pede a Deus que perdoe aqueles que o crucificaram, porque eles não sabiam o estavam fazendo.[159] Eram ignorantes, no sentido de desconhecimento da Lei Divina. O Cristo não é somente o Amparador das horas difíceis; é, sobretudo, o Mestre da nossa educação espiritual. Ele mesmo disse:

"Conhecereis a verdade e a verdade vos libertará".[160]

---

158 Mateus 7, 24. Novo Testamento, Sociedade Bíblica do Brasil.
159 Lucas 23, 34.
160 João 8, 32. Bíblia de Jerusalém, Paulus.

Se, diante de uma dificuldade, apelamos para a intercessão de Jesus, com mais razão ainda devemos procurá-lo preventivamente, para que, nas ações diárias, possamos construir nossa vida na rocha dos seus ensinamentos, vivendo em harmonia com nós mesmos e com o próximo, o que nos colocará a salvo de muitos problemas futuros.

Jesus estabeleceu um sistema de vida que, uma vez introjetado, independentemente de professarmos ou não alguma religião, e seja ela qual for, nos conduzirá a um estado de bem-aventurança, consistente em paz interior, alegria na alma, vida com propósito, sentimento de comunhão com todos os seres da criação, a começar por nós mesmos, e caridade para com os que sofrem. Nesse conjunto de bem-aventuranças consiste o Reino de Deus, para o qual Jesus veio convidar a todos e que devemos acessar pelas portas do coração.

Por isso, o próprio Jesus se intitulou "Mestre",[161] pois ele não se limitou a transmitir ensinamentos teóricos, não foi apenas um intérprete da lei; foi, acima de tudo, aquele que exemplificou tudo aquilo que ensinou, vivendo o Reino de Deus em si mesmo e nos convidando a agir da mesma forma!

Por trazer o Reino na plenitude da sua alma, por onde Jesus passava, irradiava uma energia de amor tão envol-

---

[161] João 13, 13.

vente que tocava profundamente o coração das pessoas, curando-as dos mais diversos sofrimentos do corpo e do espírito.

A respeito de Jesus, o teólogo espanhol José Antonio Pagola afirma:

"As pessoas o chamavam *rabi*, porque o veem como um mestre. Não é apenas uma forma de tratá-lo com respeito. Seu modo de dirigir-se ao povo para convidar a todos a viver de outra maneira ajusta-se à imagem de um mestre de seu tempo. Não é só um profeta que anuncia a irrupção do reino de Deus. É um sábio que ensina a viver respondendo a Deus".[162]

Por isso, vale a pena ouvir, aprender e viver as lições do Mestre, vale a pena fazer o que Chico Xavier fazia todas as manhãs:

"Perguntar-me o que Jesus deseja de mim naquele dia, na relação comigo mesmo, com as pessoas de meu convívio, com o mundo à minha volta, com os problemas que me cercam".

Para encontrar essas respostas, é importante lembrar o que Jesus ensina na oração do Pai Nosso: "Venha a nós o teu Reino",[163] isto é, que eu esvazie o meu ego, para que deixe desabrochar em mim as sementes do Reino de Deus, transformando-me numa pessoa melhor, mais hu-

---

[162] Jesus, aproximação histórica, p. 287/288, Editora Vozes.
[163] Mateus 6, 10.

milde, amorosa, justa, fraterna, mais cheia de confiança em si mesma e em Deus, onde quer que eu esteja e com quem esteja.

Jesus pretende que seus discípulos estejam ligados ao coração do seu Mestre, pois ele não almeja mudar apenas comportamentos externos, sem mudar o coração do homem, que, em última análise, é a fonte do seu proceder.

Ele não pretende cortar os galhos da árvore; deseja mudar a raiz. Não quer apenas a cura do externo, mas, antes, a cura das doenças da alma. Não deseja remendar a nossa vida, porém trazer vida nova para nós.

O Cristo não é um moralista, que veio ditar regras comportamentais. Ele quer alcançar o nosso coração, e faz isso nos amando até as últimas consequências, até que nos sintamos tão amados que se torne impossível para nós resistir ao seu convite do "amai-vos uns aos outros, como eu vos amei".[164]

Quando eu me analiso e constato quantas vezes já caí, quantas vezes atirei pedras, quantas vezes fui egoísta, quantas vezes deixei de amar, e, mesmo assim, diante de todas as minhas mazelas, Jesus tem paciência comigo, continua de braços abertos para mim e me amando quando eu menos mereço, o que posso fazer, senão

---
164 João 13, 34.

me render a esse Sublime Amor e seguir pelos caminhos para os quais ele me convida?

Não podemos adaptar Jesus à nossa vida; devemos, sim, moldar a nossa vida a ele. Por isso, vale a pena sempre perguntar:

— *Senhor, o que deseja de mim neste dia?*

35

Usa-me

> *Não vos espanteis! Procurais Jesus de Nazaré, o Crucificado. Ressuscitou, não está aqui. Vede o lugar onde o puseram.*
>
> EVANGELHO DE JESUS SEGUNDO MARCOS.[165]

---

165 Marcos 16, 6. Bíblia de Jerusalém, Paulus.

Após a crucificação do Mestre, Maria de Magdala, Maria, mãe de Tiago, e Salomé foram visitar o túmulo de Jesus, com o propósito de ungir seu corpo.[166] Mas, ao entrarem na sepultura, não avistaram o corpo do Cristo. No local, porém, encontraram um Anjo, que lhes disse que Jesus não estava mais lá, que havia ressuscitado, e que dessem essa notícia aos seus discípulos.

Escrevo este capítulo na Páscoa de 2023, e tento entender e, principalmente, sentir a beleza e a profundidade espiritual dessa cena, em que três mulheres, entristecidas pela morte de Jesus, recebem do Alto a notícia de que o Mestre havia ressuscitado, isto é, que a crucificação havia matado o corpo de Jesus, mas não seu Espírito, que continuava, e continua, vivo entre nós![167]

E, para comprovar a veracidade da informação, no dia seguinte, Jesus aparece aos olhos de Maria de Magdala,[168] depois se manifesta a dois discípulos em Emaús,[169] e, finalmente, surge aos demais,[170] permanecendo com eles durante 40 dias.[171]

---

166 A unção do corpo com óleos essenciais era uma tradição judaica (Nota do Autor).

167 Para o Espiritismo, a ressurreição é do espírito, e não da carne, de modo que Jesus ressurge aos olhos dos discípulos em espírito, o qual, por força de sua vontade, tornou-se mais tangível, materializado, para que pudesse ser visto pelos discípulos (Nota do Autor).

168 Marcos 16, 10.

169 Lucas 24, 13-35.

170 Marcos 16, 14.

171 Atos 1, 3.

Posso imaginar a alegria que sentiram os seguidores do Mestre! Ele não estava morto; ao revés, estava bem vivo, atuante, sua amizade prosseguia, seu amor acompanharia todos eles para sempre, seu plano de espiritualização da Humanidade continuaria, a partir de então, a pleno vapor. Dirigindo-se a, aproximadamente, quinhentas pessoas, entre discípulos e seguidores reunidos na Galileia, Jesus teceu palavras comoventes:

Sede fiéis ao meu coração, como vos sou fiel, e o bom ânimo representará a vossa estrela! Ide ao mundo, onde teremos de vencer o mal! Aperfeiçoemos a nossa escola milenária, para que aí seja interpretada e posta em prática a lei de amor do Nosso Pai, em obediência feliz à sua vontade augusta![172]

Essas palavras do Cristo chegam até nós mais de dois mil anos depois. Leio e releio a mensagem e pareço ouvir a melodiosa voz do Mestre, falando ao nosso coração, convidando-nos a segui-lo, a sermos fiéis a ele, tanto quanto ele é fiel a nós. A alegria que os Quinhentos da Galileia sentiram naquele crepúsculo de tarde de céu azul e ventos que recendiam suave perfume chega até nós, chamando-nos ao bom ânimo, ao combate do mal que ainda medra em nossas entranhas, enfim, con-

---

172 Boa Nova, pelo Espírito Humberto de Campos, psicografia de Francisco Cândido Xavier, p. 189, FEB editora.

vida-nos à vivência do amor, a Lei Divina que expressa a mais legítima vontade de Deus!

O túmulo do Cristo está vazio porque ele veio ao nosso encontro e, por isso, está entre nós! A Bíblia fala que, após ter ficado quarenta dias com os discípulos, Jesus subiu aos céus.[173] Penso, dentro da minha simplicidade, que, se Jesus subiu aos Céus, ele logo desceu, porque, nas palavras de Chico Xavier, Jesus não ficaria habitando uma região isolada do sofrimento humano.[174] Afinal de contas, ele nos ama, e quem ama não abandona o ser amado.

A Páscoa não ocorre uma vez ao ano. Ela se dá todos os dias, porque, de certa forma, traímos e crucificamos Jesus quase que diariamente, quando deixamos de amar, de perdoar, de partilhar nossos recursos com os que têm menos do que nós; quando somos preconceituosos; quando maltratamos as pessoas; quando nos escravizamos pelo desejo de possuir tudo e de estar acima de todos; quando vivemos como se fôssemos a única estrela existente no céu...

Um dia, tive um sonho. Eu estava na porta de um templo religioso, onde desenvolveria alguma atividade. Pude perceber que se aproximavam várias pessoas, homens e mulheres, trajadas com as vestes utilizadas nos

---

173 Marcos 16, 19.
174 O Evangelho de Chico Xavier, Carlos A. Baccelli, p. 198, Didier editora.

tempos de Jesus. Todos vinham resolutos, firmes e alegres. No sonho, eu me perguntava quem eram aquelas pessoas. E uma voz misteriosa me respondeu:

— *São os representantes de Jesus na Terra.*

Fiquei impactado com aquela gente! Que forte sensação de amor e fidelidade a Jesus passavam a mim! No sonho, porém, em vez de me juntar àquela caravana de luz, subi umas escadarias e fui dormir... No dia seguinte, levantei e senti uma vibração de muita alegria no ar. Tive a forte impressão de que Jesus estava por perto, bem perto. Desci correndo as escadas para encontrar o Mestre e fui parar num pátio, onde aqueles representantes do Cristo se confraternizavam. Um deles se aproximou de mim, e eu logo perguntei:

— *Onde está Jesus?*

Com uma expressão de lamento, aquele representante respondeu:

— *Jesus acabou de sair...*

Acordei imediatamente, sentindo uma tristeza muito grande, por saber que Jesus havia estado tão perto de mim, e eu estava dormindo...

Tentando decifrar o simbolismo do sonho, creio que Jesus esteja sempre se aproximando de nós. Ele nos sonda, nos procura, quer um cantinho do nosso coração. No entanto, muitas vezes, andamos dormindo, isto é, andamos desatentos, ocupados demais com as coisas da Terra, sem tempo para os tesouros do Céu. No afã de ganhar o mundo, estamos perdendo a nossa alma! Apegados ao materialismo, estamos esquecendo de viver a nossa espiritualidade!

E, assim, perdemos a nossa conexão com o divino que está dentro de nós, o Reino de Deus, que Jesus afirmou brilhar em cada criatura. A grande tarefa do Mestre é restabelecer essa conexão perdida, mas isso depende da nossa vontade, da nossa entrega, de acordarmos do pesadelo de uma vida distante do Cristo.

Ele não espera a nossa santidade para colaborarmos com a sua obra, ele sabe das nossas imperfeições; no entanto, espera a nossa boa vontade de colocar o amor como o valor mais importante da nossa vida, e é exatamente isso que nos colocará no longo caminho da nossa iluminação.

Depois daquele sonho, estou tentando não dormir tanto, não desejo que o sacrifício de Jesus na cruz seja em vão para mim. Aliás, não quero que a minha vida passe em vão, não quero mais perder aquela festa onde Jesus está presente. Ainda chego atrasado em muitas ocasiões, mas, hoje, já dou alguns passos tímidos em direção ao Mestre. E, assim, querendo colocar a minha vida nas mãos dele, vou cantando esta canção:

Como um farol que brilha à noite
Como ponte sobre as águas
Como abrigo no deserto
Como flecha que acerta o alvo

Eu quero ser usado da maneira que te agrade
Em qualquer hora e em qualquer lugar
Eis aqui a minha vida, usa-me, senhor
Usa-me.[175]

---

175 "Sonda-me, usa-me", de Aline Barros. Ouça: https://www.youtube.com/watch?v=MzLBmGf1fSQ

・・・・・・・
O túmulo do Cristo está vazio porque
ele veio ao nosso encontro e, por isso,
está entre nós!
・・・・・・・

36

O caminho do não julgar

❦

> *Se alguém ouvir minhas palavras e não as guardar, eu não o julgo, pois não vim para julgar o mundo, mas para salvar o mundo.*
>
> JESUS[176]

---

176 João 12, 47. Bíblia de Jerusalém, Paulus.

Gostaria que você registrasse com ênfase essa fala de Jesus:

"Eu não julgo as pessoas, não julgo o mundo, pois vim salvar o mundo!"

Tais palavras do Cristo implodem tudo aquilo que as religiões, a partir de concepções meramente humanas, construíram a respeito de julgamento divino, condenações e castigos, e que transformaram Jesus, e o próprio Deus, em uma espécie de "juízes implacáveis" dos equívocos humanos.

Esquecemos a afirmação de Jesus de que Deus faz nascer o Sol igualmente sobre maus e bons e cair a chuva sobre justos e injustos.[177] Jesus, expressando a consciência divina, não julga pessoas, não as rotula, não as separa em santos e pecadores, não as divide entre bons e maus, crentes e ateus. Jesus ama a todos, indistintamente.

Os nossos erros, que expressam um modo de viver ainda disfuncional, os desvios que tomamos em relação à Lei Divina, não diminuem o amor que o Cristo tem por nós, seus irmãos ainda dando os primeiros passos na evolução espiritual.

Os problemas e as dificuldades que experimentamos em nossa vida se devem a nós mesmos, quando, já conscientes de que podemos agir de um modo melhor, insisti-

---

[177] Mateus 5, 45.

mos em comportamentos contrários à Lei do Amor, seja em relação a nós mesmos, seja em relação ao próximo.

E, mesmo quando estamos colhendo o fruto amargo das nossas escolhas equivocadas do passado, seja do passado desta vida ou do passado de existências pretéritas, Jesus não fica indiferente ao nosso sofrimento, pois a Lei Divina não é apenas Justiça, é também Amor e Misericórdia!

Basta um movimento de nossa parte, no sentido de retornar ao caminho do bem, do amor, da caridade e do perdão, para que tudo, gradativamente, vá se modificando para melhor em nossa vida. A Espiritualidade explica que a duração do nosso sofrimento depende do tempo que levamos para nos melhorar.[178]

À medida que nos esforçamos para nos tornarmos melhores, corrigir nossos erros, aparar as nossas arestas, domar as nossas inclinações negativas e viver com mais benevolência, vamos mudando positivamente o nosso padrão de energia e, automaticamente, mudando a própria vida para melhor.

Por tudo isso, Jesus não julga as pessoas, no sentido de condená-las, dar-lhes um rótulo, do qual dificilmente se desvencilhariam. O Mestre sempre acaba acolhendo os que vivem no erro; não os julga, mas oferece-lhes roteiros para a transformação de suas vidas.

---

178 O Livro dos Espíritos, Allan Kardec, questão n. 1004.

Cristo é o Mestre do Caminho e, portanto, do caminhar, do não ficar preso aos espinhos que nos adoecem e nos infelicitam. Ele se abstém de nos julgar, porque, como somos almas que estão construindo a sua evolução, sabe que tudo sempre está em vias de modificação e aperfeiçoamento. O julgamento aprisiona; o amor liberta.

Por isso, além de ele mesmo não julgar, Jesus solicita que nós também não julguemos o outro,[179] e nos formula uma pergunta desconcertante:

"Por que é que você vê o cisco que está no olho do seu irmão e não repara na trave de madeira que está no seu próprio olho?"[180]

Com essa indagação, o Mestre está nos propondo o caminho da indulgência, que é o caminho que precisamos primeiramente para nós mesmos. Afinal de contas, nas palavras do Cristo, que atire a primeira pedra aquele que nunca se equivocou...[181]

Jesus, como sábio terapeuta, sempre soube que, muitas vezes, para não entrarmos em contato com as nossas mazelas, direcionamos o nosso olhar para as mazelas dos outros. Outras vezes, buscamos rebaixar o outro para enaltecer nós mesmos. Nessas hipóteses, não é tanto a

---

179 Mateus 7, 1-5.
180 Mateus 7, 3. Novo Testamento, Sociedade Bíblica do Brasil.
181 João 8, 7.

conduta do outro que está em jogo, mas, sim, o nosso ego, que se vale da crítica ao próximo para escamotear as próprias imperfeições ou para aplaudir a si mesmo.

O caminho de Jesus é o caminho do coração e, portanto, o caminho do não julgar, pois, no dizer de Madre Teresa de Calcutá, quem julga as pessoas não tem tempo para amá-las.[182]

---

[182] https://www.pensador.com/frase/ODQ2Nw/ (acesso em 16/04/23)

· · · · · · ·
Basta um movimento de nossa parte, no
sentido de retornar ao caminho do bem, do
amor, da caridade e do perdão, para que tudo,
gradativamente, vá se modificando
para melhor em nossa vida.
· · · · · · ·

37

Como Zaqueu

❦

> *Zaqueu, desce depressa,*
> *pois hoje devo*
> *ficar em tua casa.*
>
> JESUS[183]

---

[183] Lucas 19, 5. Bíblia de Jerusalém, Paulus.

Afirma-se, com razão, que, se você quer conhecer de fato uma pessoa, deve observar não apenas o que ela diz, mas, principalmente, o que ela faz. No caso de Jesus, tudo o que ele falou é de grande beleza e sabedoria, mas o que ele fez é maior ainda!

Ele não falou apenas de amor; ele amou como ninguém, dando a própria vida por nós. Ele exortou o perdão e perdoou incondicionalmente seus ofensores. Jesus nos ensinou a servir ao próximo e foi o primeiro a servir a todos; lavou os pés dos discípulos, alimentou multidões famintas, curou enfermos, fez-se amigo dos rejeitados, encheu de esperança os desfalecidos, viveu como irmão querido de todos.

No versículo que citamos no início deste capítulo, Jesus se encontra com Zaqueu, o cobrador de impostos de Jericó, homem rico, mas de consciência atormentada, porque não era correto na exação dos tributos, cobrando mais do que era justo. E, por isso, ele era malquisto pelos judeus, considerado grande pecador.

O encontro se deu em praça pública, multidões acompanhavam o Mestre. Pensando em ser visto, Zaqueu subiu a uma árvore. Jesus passou, avistou-o, parou, sondou-lhe o íntimo e, numa fração de segundos, percebeu-lhe os desequilíbrios íntimos, a carência de amor tentando ser compensada com as riquezas materiais conquistadas à custa de muitas injustiças. Zaqueu era um homem infeliz, e Jesus teve compaixão dele.

Os olhos de Zaqueu procuravam ansiosamente o Cristo, sua alma estava precisando de aconchego, paz e renovação. E Jesus fez mais do que simplesmente olhar para o cobrador de impostos: ele disse para Zaqueu descer rapidamente da árvore, porque precisava ficar em sua casa. Surpreendente! Ninguém esperava isso do Cristo: pedir para se hospedar na casa de alguém considerado pelo povo como grande pecador, atitude que desagradou seus seguidores.

Mas Jesus não estava preocupado com a sua reputação; socorrer Zaqueu, naquele momento, valia mais do que qualquer coisa. E é assim que, horas depois, Jesus vai à casa de Zaqueu, onde se hospeda. Muitos protestavam do lado de fora, julgando os pecados do cobrador de impostos, enquanto o Mestre, simplesmente, buscava a intimidade daquele lar, que, em vista da má fama do seu dono, havia tempos não era visitado.

Fazia muito tempo que Zaqueu não se sentia amado, e custava-lhe entender como um homem tão puro como Jesus poderia amar alguém tão pecador como ele. Trata-se daquele amor incondicional, que não precisa de uma razão lógica para existir, de um motivo justo, de uma virtude para ser compensada!

É o amor pelo amor! E foi tanto amor que fez Zaqueu conhecer um sentimento que ele nunca tinha experimentado! Ele deve ter tremido, sentido o êxtase, o coração acelerado, faltando-lhe o ar, como se o peito fosse explodir, de tanta alegria!

Jesus não fez qualquer sermão a Zaqueu a respeito de seus desvios. Não lhe abriu mais as feridas; ao contrário, curou-as com os santos óleos do amor. E foi por isso que, naquela noite inesquecível, Zaqueu disse ao Mestre:

"Senhor, eis que dou a metade de meus bens aos pobres, e se defraudei a alguém, restituo-lhe o quádruplo".[184]

Creio que Jesus tenha demonstrado íntima alegria, pois afirmou que a salvação havia entrado naquela casa, uma vez que aquele filho estava perdido e havia sido salvo.[185] Zaqueu foi transformado pelo afeto do Cristo! Zaqueu não foi julgado pelo Mestre; foi aceito, acolhido e amado de tal forma que pôde ver a si mesmo no espelho amoroso do Cristo e reconhecer que havia se distanciado do coração, e, por isso, quis retornar a ele imediatamente!

Essa história fala muito de Jesus, desse Mestre do Caminho, que peregrina pelo mundo e vai em busca dos que sofrem, não para recriminá-los, expor-lhes as feridas aos ácidos da crítica, mas para, simplesmente, amá-los, como amou Zaqueu, como amou Maria de Magdala, como amou Judas, que o traiu, como amou Pedro, que

---

184 Lucas 18, 8. Bíblia de Jerusalém, Paulus.
185 Lucas 19, 9.

o negou, como amou a todos os que cruzaram o seu caminho.

Ele continua pelas estradas da vida, procurando os "Zaqueus" de hoje. Quem sabe este singelo livro seja a árvore do nosso encontro com o Mestre? Estou certo de que ele parou para nos ver. Sabe quem somos, o que fizemos, onde nossas feridas sangram. Ele quer ficar conosco. Pede para que desçamos da árvore, pois deseja se hospedar na casa do nosso coração.

O amor de Jesus mexe com as nossas estruturas, notadamente com as nossas estruturas egoicas, como ocorreu a Zaqueu. Se deixarmos Jesus entrar em nossa vida, ou seja, se deixarmos o amor dirigir a nossa existência, reconciliando-nos com as pessoas e as situações em que ele, o amor, esteve ausente, uma vida nova se abrirá para nós.

Será que vamos descer da árvore e hospedar Jesus?

. . . .
Se deixarmos Jesus entrar em nossa vida,
ou seja, se deixarmos o amor dirigir a nossa
existência, reconciliando-nos com as pessoas
e as situações em que ele, o amor, esteve
ausente, uma vida nova se abrirá para nós.

. . . .

38

O caminho de Jesus

❦

> *Vinde a mim todos os que estais cansados sob o peso do vosso fardo e vos darei descanso. Tomais sobre vós o meu jugo e aprendei de mim, porque sou manso e humilde de coração, e encontrareis descanso para vossas almas, pois meu jugo é suave e meu fardo é leve.*
>
> JESUS[186]

---

186 Mateus 11, 28-30. Bíblia de Jerusalém, Paulus.

Nesse versículo, Jesus nos convida a irmos até ele quando estivermos cansados sob o peso das nossas lutas e dificuldades, pois ele nos dará descanso, alívio. De maneira geral, costumamos pedir que o Cristo venha até nós. Mas, nos versos citados, Jesus convida-nos a nos dirigirmos até ele, o que me faz pensar em dois motivos para esse convite:

1) Ele quer nos colocar em movimento, nos fazer sair do modo passivo e assumir o protagonismo da nossa vida. Jesus almeja despertar em cada um o poder da vontade de se melhorar, de se curar, de enfrentar positivamente os desafios da jornada, porque, sem a nossa vontade ativa, dificilmente encontraremos a cura para os nossos males, mesmo que alguém esteja querendo nos ajudar.

2) Ao nos chamar para irmos até ele, parece-me implícito no convite que haveremos de nos submeter ao tratamento que ele nos dispensará, da mesma forma que, quando vamos ao médico, devemos seguir as orientações prescritas.

O maior benefício que Jesus pode fazer por nós está na transformação que suas palavras trazem à nossa vida, desde que, é claro, aceitemos a medicação do seu Evangelho. Mais do que curar corpos, o Cristo é o médico de almas, de forma que suas prescrições têm o poder de nos restabelecer a força vital e o equilíbrio interior.

Ir até o Cristo também sugere a necessidade de sair de si mesmo, abandonar o labirinto dos pensamentos negativos, para arejar a mente com as luzes do pensamento de Jesus. Ir à presença do Mestre significa se deixar envolver por seu psiquismo divino, permitir que as nossas forças interiores despertem para o enfrentamento vitorioso das lutas de cada dia.

De forma prática, a oração diária, a leitura constante de obras que comentem o Evangelho, a frequência ao templo religioso de nossa fé, a prática da caridade nas situações de cada dia, tudo isso é capaz de nos levar à presença restauradora do Mestre.

A esse respeito, o monge Thich Nhat Hanh conta um caso bem ilustrativo:

"Certo homem estava com tanta pressa de ver o Buda que não deu atenção a uma mulher terrivelmente necessitada que encontrou no caminho. Ao chegar ao mosteiro do Buda, não conseguiu vê-lo." E o monge conclui: "O fato de vermos ou não o Buda depende do estado do nosso ser".[187]

Nos versículos que abrem este capítulo, Jesus ainda nos pede para aprendermos com ele as virtudes da humildade e da mansidão:

---
187 Vivendo Buda, Vivendo Cristo, p. 66, editora Rocco.

"Aprendei de mim, porque sou manso e humilde de coração, e encontrareis descanso para as vossas almas."

Ser manso é ser brando, suave, tranquilo, afável, pacífico. Ser humilde é ser consciente das próprias imperfeições, limitações, portanto, não ser soberbo, arrogante, presunçoso. É ser realmente humano, o que inclui a compaixão por quem sofre.

Eu creio que a humildade seja a porta que se abre a todas as demais virtudes, pois, sem ela, ninguém é capaz de amar, de perdoar, ser caridoso, manso, justo, paciente, compassivo. Jesus é o Mestre do Caminho, ao nos apontar a humildade como a primeira via de acesso à nossa felicidade.

Na humildade, nossa alma descansa, fica leve e serena, agimos com suavidade, pois não nos sentimos superiores em relação às demais pessoas; não achamos que temos mais direitos do que os outros; somos felizes com o que temos e com o que somos; não nos levamos tão a sério, porque temos consciência de que somos falhos; não nos ofendemos tanto e perdoamos com mais facilidade, pois também precisamos ser perdoados.

Na mansidão, nossa alma também repousa, porque nela fugimos à brutalidade e às contendas que tanto nos agitam o espírito e adoecem o corpo. A mansidão nos faz pessoas suaves, afáveis, doces, de fácil trato; nela, evitamos as asperezas e as agressividades que dificultam nossos relacionamentos e roubam nossa paz íntima.

Por aí entendemos o motivo pelo qual Jesus fala que "seu fardo é leve e seu jugo é suave". Os caminhos do Cristo nos ensinam a viver melhor e a passar pelas turbulências da vida com mais equilíbrio e força para vencer. Como afirmou Bezerra de Menezes: "Sem Jesus uma flor tem mil espinhos; com Jesus um espinho tem mil flores".[188]

---

[188] https://www.pensador.com/frase/NjQzMTU5/ (acesso em 18/04/2023)

·······
Eu creio que a humildade seja a porta que se abre a todas as demais virtudes, pois, sem ela, ninguém é capaz de amar, de perdoar, ser caridoso, manso, justo, paciente, compassivo.
·······

39

O caminho da paz

~~~·~~~

> *Estas coisas vos tenho dito para que tenhais paz em mim. No mundo, passais por aflições; mas tende bom ânimo; eu venci o mundo.*
>
> Jesus[189]

---

189 João 16, 33. Bíblia Sagrada, Almeida Revista e Atualizada, Sociedade Bíblica do Brasil.

Jesus pede para que tenhamos paz nele. Mas como obter essa paz, se ele mesmo falou que, no mundo, nós passaríamos por aflições? Na lógica do Cristo, a paz a que ele se refere não é necessariamente a paz do mundo, aquela em que nós estaríamos imunes a qualquer tipo de contrariedade, preocupação ou problema.

A paz que ele nos promete nasce ao seguirmos os caminhos que o seu Evangelho nos propõe, diante das tribulações que todos nós enfrentamos. Paz com Jesus, portanto, não é paz de céu azul e mares calmos; é a paz que advém do enfrentamento sábio das inevitáveis turbulências que surgem em nossa vida.

Como ensina Emmanuel:

"Conservar a paz em Cristo não é deter a paz do mundo. É encontrar o tesouro eterno de bênçãos nas obrigações de cada dia. Não é fugir ao serviço: é aceitá-lo onde, como e quando determinar a vontade daquele que permanece em ação redentora, junto de nós, em toda a Terra".[190]

E como se obtém essa paz? A primeira indicação de Jesus está no próprio versículo citado: "tende bom ânimo" diante dos obstáculos que batem à nossa porta. Ter bom ânimo é estar confiante de que é possível superar a adversidade, é se manter otimista em relação ao desfe-

---

[190] O Evangelho por Emmanuel, comentários ao Evangelho segundo João, Francisco Cândido Xavier, p. 282. Coordenação de Saulo Cesar Ribeiro da Silva, FEB Editora.

cho do problema, é permanecer firme enquanto estamos na luta e não desistir dela, até atingirmos nosso objetivo.

A paz não vem da inércia, do temor, da fuga das nossas lutas cotidianas; ao contrário, tudo isso nos precipitará a mais perturbações.

E, mesmo quando não alcançarmos o resultado esperado, o bom ânimo nos ajudará a entender que a derrota não nos transforma em derrotados! Um fracasso pode nos afetar momentaneamente, mas não nos destrói como pessoas, porque, como filhos de Deus, somos dotados de uma capacidade de regeneração incrível, que nos permite dar a volta por cima de muitas quedas.

Do ponto de vista humano, a cruz poderia ter significado um fracasso nos planos de Jesus. Mas não foi. A "ressurreição" do Mestre incendiou a chama do ideal dos seus seguidores; o Evangelho se espalhou pelo mundo; as curas se alastraram por onde os discípulos passavam; novos seguidores surgiram em todas as partes; núcleos cristãos foram abertos em todas as direções; e, passados mais de dois mil anos, Jesus, que dividiu a história em "antes" e "depois" dele, continua vivo e presente em nossas vidas!

Assim, compreendemos a razão pela qual Jesus afirmou que ele "venceu o mundo", bem como nós venceremos as atribulações, quando não desistirmos da luta e quando soubermos transformar os espinhos em flores, as lágrimas em sorrisos de esperança, as quedas em fortaleza de espírito, as derrotas em aprendizados para o êxito.

A paz em Jesus também nasce quando, no lugar de odiar quem nos machucou, preferimos o caminho do perdão. Nasce, também, quando, deixando de viver exclusivamente para nós, partilhamos nossos recursos e talentos com irmãos menos favorecidos. A paz em Jesus também brota quando a humildade substitui a arrogância, quando a misericórdia assume o lugar da impiedade, quando o coração leve e puro faz o rancor desaparecer.

Como Jesus venceu o mundo, nós também venceremos, se estivermos seguindo o seu caminho!

40

As chaves do reino

~~~~~~~~~~~~~~~~~~~~~~~~~~~~~~~

> *Eu lhes dou este novo mandamento: amem uns aos outros. Assim como eu os amei, amem também uns aos outros. Se tiverem amor uns pelos outros, todos saberão que vocês são meus discípulos.*
>
> JESUS[191]

---

191 João 13, 34-35. Novo Testamento, Sociedade Bíblica do Brasil.

O amor é o ponto central da mensagem de Jesus. Se não levarmos isso em consideração, não teremos entendido a essência da missão do Cristo entre nós. Além do mais, o que nos identifica como discípulos do Mestre é o fato de sermos pessoas amorosas, e não apenas pessoas que falam teoricamente de amor.

Como Mestre do Caminho, Jesus aponta a estrada do amor, para que cada um percorra e descubra, desde os primeiros passos, a felicidade que se sente quando se ama. Não é uma promessa de felicidade no fim da estrada; é colher os frutos doces do amor a partir do instante em que bate o nosso coração.

Thich Nhat Hanh afirmou, com muita clareza, que: "O Cristo vivo é o Cristo do Amor, que está sempre gerando amor, momento após momento. Quando a Igreja manifesta entendimento, tolerância, amor e bondade, Jesus está presente. Os cristãos precisam ajudar Jesus Cristo a se manifestar através do seu modo de viver, demonstrando aos que os cercam que o amor, a compreensão e a tolerância são possíveis. Isso não será realizado apenas através de livros e sermões, mas sobretudo mediante o nosso modo de vida".[192]

Eu sinto que esse amor começa em mim quando percebo o amor que Deus tem por mim. O Pai que me criou num ato de amor e que segue me amando pela eternidade! Quando Jesus acabou de ser batizado por João Ba-

---
192 Vivendo Buda, Vivendo Cristo, p. 71, editora Rocco.

tista, uma voz do Alto baixou, dizendo: "Eis meu filho muito amado em quem ponho a minha afeição".[193] Eu creio que Deus também sente isso por você, por mim e por todos nós: somos filhos amados, e Deus sente alegria por nós!

Esse amor do Pai me invade a alma, preenche os espaços vazios, coloca meus problemas e inseguranças numa perspectiva de esperança. Sinto-me acolhido, apesar das minhas imperfeições; sinto o Sol deitando seus raios no grão de areia que sou; percebo o perdão de Deus me tirando do inferno das culpas; mergulho num silêncio profundo, que me acalma, me relaxa e faz com que eu me sinta bem comigo mesmo, em paz com a vida e pronto para transbordar amor a quem cruzar o meu caminho.

Estou convicto de que, se não nos abrirmos ao amor incondicional do Pai por nós, amor por meio do qual Jesus nos deu mostras concretas da sua existência, dificilmente conseguiremos dar um amor que sequer somos capazes de sentir em nós mesmos.

Por isso, a grande mensagem do Cristo é a de nos despertar para o amor, e ele faz isso a partir da ideia de um Deus que nos ama sem condições, que nos levanta quando estamos caídos, que faz luz quando estamos na escuridão, que abre estradas quando não vemos mais saídas, que está do nosso lado quando o mundo vira

---

193 Mateus 3, 17. Novo Testamento, edição de estudos, editora Ave Maria.

as costas para nós, que trouxe Jesus à Terra para nos orientar os caminhos quando estamos perdidos.

Um Deus que todos os dias nos diz: "Você é o meu filho amado"! É o Deus referido por Jesus na parábola do filho pródigo que retorna fracassado para casa e é recebido pelo Pai com abraços e beijos.[194] O mesmo Deus que deixa noventa e nove ovelhas no campo e vai em busca da ovelha perdida e, quando a encontra, volta com ela carregando-a nos ombros.[195]

Nós somos os "filhos pródigos" e as "ovelhas perdidas" da atualidade. E Jesus, como o Bom Pastor, vem até nós para nos levar de volta à Casa de Deus. Eu imagino que a Casa de Deus seja um lugar muito parecido com casa de vó, onde tem o calor do fogão a lenha sempre aceso, como é o amor de Deus, que jamais esfria por nós. Na casa de vó tem histórias que aquecem o nosso coração, tem a família reunida em torno da mesa, tem a canja que esquenta o corpo da friagem e bolinho de chuva que faz a gente ficar feliz. Assim também é na Casa de Deus, onde nossa alma está sempre aquecida!

É desse jeito simples que eu sinto o Reino de Deus que Jesus anunciou para nós. E só tem um modo de entrar nele: ele só abre por dentro, usando as chaves do coração, que o Mestre do Caminho entregou a todos nós! Ficarei feliz se este livro ajudar você a usar as suas!

---
194 Lucas 15, 11-32.
195 Lucas 15, 1-6.

Editores: *Luiz Saegusa* e *Claudia Zaneti Saegusa*
Direção Editorial: *Claudia Zaneti Saegusa*
Capa: *Casa de Ideias*
Projeto Gráfico e Diagramação: *Casa de Ideias*
Imagem de Capa: *kevron2001 / iStock*
Revisão: *Miriam Dias*
Finalização: *Mauro Bufano*
2ª Edição: *2024*
Impressão: *Lis Gráfica e Editora*
Copyright© Intelítera Editora

Dados Internacionais de Catalogação na Publicação (CIP)
(Câmara Brasileira do Livro, SP, Brasil)

Lucca, José Carlos De
    O Mestre do Caminho : reflexões de vida à luz dos ensinamentos de Jesus / José Carlos De Lucca. -- São Paulo : Intelítera Editora, 2023.

ISBN: 978-65-5679-035-0

    1. Bíblia - Ensinamentos 2. Espiritismo
3. Evangelho - Estudo e ensino 4. Jesus Cristo - Ensinamentos I. Título.

23-162196   CDD-133.901

Índices para catálogo sistemático:

1. Jesus Cristo : Doutrina espírita   133.901

Eliane de Freitas Leite - Bibliotecária - CRB-8/8415

Intelítera Editora
Rua Lucrécia Maciel, 39 - Vila Guarani
CEP 04314-130 - São Paulo - SP
(11) 2369-5377 - 🟢 (11) 93235-5505
intelitera.com.br - facebook.com/intelitera

Para receber informações sobre nossos lançamentos, títulos e autores, bem como enviar seus comentários, utilize nossas mídias:

intelitera.com.br
- @ atendimento@intelitera.com.br
- ▶ intelitera
- 📷 intelitera
- f intelitera

jcdelucca.com.br
- ▶ José Carlos De Lucca
- 📷 josecdelucca
- f orador.delucca

Esta edição foi impressa pela Lis Gráfica e Editora no formato 160 x 230mm. Os papéis utilizados foram o Hylte Pocket Creamy 60g/m² para o miolo e o papel Cartão Ningbo Fold 250g/m² para a capa. O texto principal foi composto com a fonte Sabon LT Std 13/18 e os títulos com a fonte Coneria Script 100/150.